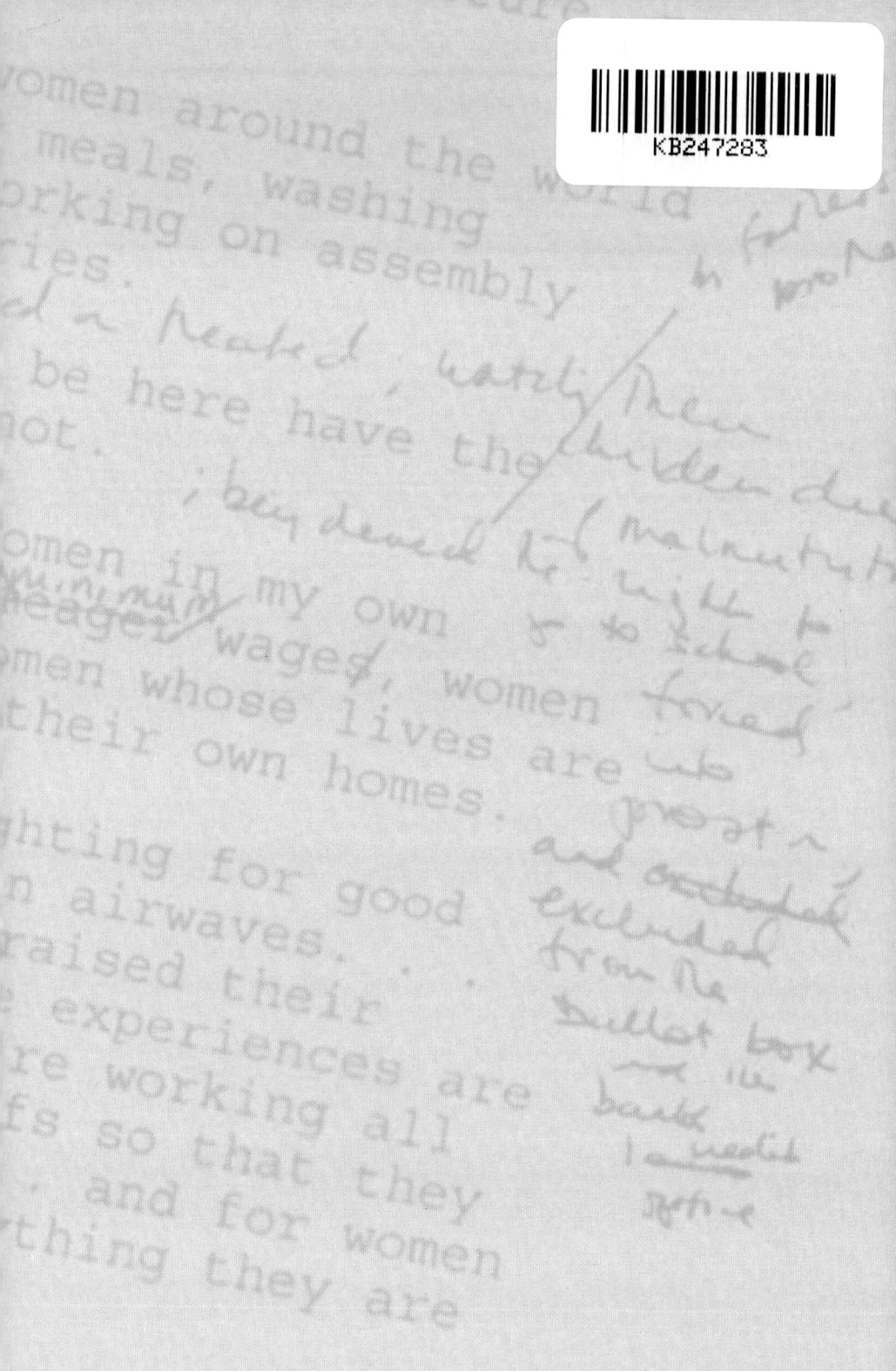

2   the representatives of the nation themselves?. The

3   its jurisdiction are those offenses which proceed fr

4   conduct of public men and that is what we are talkin

5   In other words, from the abuse or violation of some

6   trust. It is wrong, I suggest, it is a misconduc

7   Constitution for any member here to assert that fo

8   to vote for an Article of Impeachment means that

9   must be convinced that the President should be r

     the Constitution doesn't say that.

10   office. The Constitution are an essential check in th

11   ing to impeachment and upon the en

12   body, the legislature, against the two branc

13   Executive. The division between the Senate, assign

ture, not

women around the world
meals, washing
orking on assembly
ries.
be here have the
not.
omen in my own
wages, women
omen whose lives are
their own homes.

ghting for good
n airwaves. . . .
raised their
experiences are
re working all
fs so that they
and for women
thing they are

as each of

2   the representatives of the nation themselves? The

3   its jurisdiction are these offenses which proceed from

4   conduct of public men and that is what we are talking

5   In other words, the abuse or violation of some

6   trust. It is wrong, I suggest; it is a misconduct

7   Constitution for any member here to assert that for

8   to vote for an Article of Impeachment means that

9   must be convinced that the President should be

10   office. The Constitution doesn't say that.

11   ing to impeachment are an essential check in the

12   body, the legislature, against and upon the en

13   Executive. The division between the two branc

설득의 역사, 미국 정치의 명연설들

신석호

새벽에는 글을 쓰는 작가, 낮에는 해외 고객과 협상하는 회사원, 밤에는 영어와 씨름하는
번역가이다. 15년간 통번역 프리랜서로 활동하며 영어와 우리말로 글을 써 왔다. 수사학
을 공부하다가 역사적으로 위대한 연설문의 논리와 설득의 공식에 마음을 빼앗겨, 이 책을
쓰기 시작했다.

설득의 역사, 미국 정치의 명연설들

초판 1쇄 인쇄 | 2025년 12월 19일
초판 1쇄 발행 | 2025년 12월 29일

지은이 | 신석호

발행인 | 박효상
편집장 | 김현
기획·편집 | 오혜순

교정·교열 | 서영조, 이수정

디자인 | 임정현
마케팅 | 이태호, 이전희
관리 | 김태옥

종이 | 월드페이퍼   인쇄·제본 | 예림인쇄·바인딩

발행처 | 사람in   출판등록 | 제10-1835호

주소 | 04034 서울시 마포구 양화로 11길 14-10 (서교동) 3F
전화 | 02) 338-3555(代)   팩스 | 02) 338-3545
E-mail | saramin@netsgo.com   Website | www.saramin.com
인스타그램 | www.instagram.com/saramin_books   블로그 | blog.naver.com/saramcom

ⓒ 신석호 2025
ISBN | 979-11-7101-205-3 03340

설득의 역사, 미국 정치의 명연설들

영한대역

위기와 전환의 순간,
민주주의를 다시 세운 연설들

사람in
saram
in.com

신석호 지음

서문

가끔 저는 엉뚱한 상상을 합니다. 만약 에이브러햄 링컨이 그 유명한 게 티즈버그 연설을 하지 않았다면, 그래서 미국 헌법의 "all men"에 흑인 이 포함되지 않았다면, 미국 역사는 어떻게 흘러갔을까? 제2차 세계대전 당시 연합군이 위기에 몰렸을 때, 윈스턴 처칠이 국민 앞에서 「우리는 해 변에서 싸울 것입니다We Shall Fight on the Beaches」 연설을 하지 않았다면, 그 전쟁의 결말은 어떠했을까? 그 역사의 소용돌이 속에 우리나라는 지금 어떤 모습이 되었을까? 나와 내 가족의 삶은 과연 존재하기나 했을까? 어떤 한 인물의 바로 그 문장, 바로 그 단어 때문에 세상이 바뀌고 역사가 달라졌다는 상상을 하면 기분이 묘합니다.

　'청중의 신뢰를 얻어 자신이 원하는 방향으로 행동하게 하는 것,' 이것이 바로 연설의 목적입니다. 연설이 가진 힘이지요. 이 연설의 힘을 누구보다 잘 알았던 정치인과 지식인, 야심가가 대중의 무의식을 공략하 여 굵직한 역사의 흐름을 만들어 왔습니다. 미국 대공황 시기에 대통령 으로 취임하며 다시 일어날 수 있다는 희망의 연설로 국민의 지지를 얻 고, 위기에 빠진 나라를 구한 미국의 32대 대통령 프랭클린 D. 루스벨트 도 그중 하나였고, 민족 정체성을 주장하며 대량 학살과 전쟁을 정당화 한 히틀러도 그중 하나였고, 농민만이 순수한 민중이고 교육받은 자는 반혁명 분자라 주장하며 캄보디아 인구의 1/4을 학살한 폴 포트도 그중 하나였지요.

　　인류 역사를 보면, 경제가 어렵고 사회가 혼란스러울 때 대중의 감정을 교묘하게 이용하는 선동가가 모습을 드러냅니다. 불안과 두려움, 분노의 심리를 이용하여 아주 치밀한 방법으로 대중의 마음을 사로잡아 자기 뜻을 이루려고 하지요. 고대 그리스에서부터 오늘에 이르기까지 연설, 즉 설득의 언어는 나라를 이끄는 정치인, 사업체를 이끄는 경영인뿐만 아니라, 평범한 듯 살아가는 개개인에게 중요한 생존 무기였고 앞으로도 그럴 것입니다. '역사는 인생의 스승'이라는 키케로의 조언대로, 우리도 인류 역사에 변곡점을 만들어낸 연설문을 통해 연설자가 어떤 전략으로 청중을 휘어잡았는지 그 설득의 비밀을 배워야 합니다. 상대방을 설득할 수도 있지만 상대방의 교묘한 전략에 말려들지 않기 위해서 말이죠. 자, 그렇다면 연설문을 어떻게 공부해야 할까요?

> "승리에 대한 복기는 이기는 습관을 만들어주고, 패배한 대국의
> 복기는 이기는 준비를 만들어준다."

이창호 9단의 말입니다. 바둑 기사라면 바둑돌 하나도 허투루 올리지 않지요. 판의 형세를 읽고 상대의 전략을 치밀하게 따지고 나서야 조심스레 돌 하나를 착수합니다. 바둑의 승패는 판을 읽는 능력에 달려 있고, 그 판 읽는 능력을 키우는 방법 중 하나가 복기입니다. 대국이 끝난 뒤, 나는 어떤 전략으로 어떤 수를 두었는지, 상대는 어떻게 대응했는지 재연하며 다시 돌아보는 겁니다.

훌륭한 연설자도 연설문에 단어 하나 허투루 올리지 않습니다. 겉으로는 평범해 보이는 단어 하나가 연설의 흐름을 바꾸기도 하고 청중의 감정을 휘저어 놓기도 하기 때문입니다. 링컨 대통령이 게티즈버그 연설에서 일관되게 we(우리)를 반복한 것도, 킹 목사가 「저에게는 꿈이 있습니다 Have a Dream」연설에서 '100년 전'을 One hundred years ago가 아닌 Five score years ago라 말한 것도 '신의 한 수'와 같은 전략적 묘수였습니다.

따라서 연설문을 제대로 이해하고 말과 글로 설득하는 비법을 배우려면 바둑 대국을 복기하듯 훌륭한 연설문을 복기해야 합니다. 연설자가 연설문에 짜 놓은 '판'을 읽는 능력을 길러야 하는 것이지요. 연설의 배경과 연설자의 마음, 연설자는 무엇을 얻고자 했는지, 그 목적을 위해 어떤 단어를 어떤 방식으로 쓰는 '수'를 두었는지, 연설자의 관점에서 따져봐야 한다는 말입니다.

이 책은 훌륭한 연설문들의 복기 노트입니다. 링컨과 존 F. 케네디, 마틴 루서 킹, 오바마 등 역사에 길이 남을 위대한 연설자들이 얼마나 치밀하게 수사학적 전략을 펼치고, 강력한 단어를 한 수 한 수 두어 청중의 마음을 사로잡았는지를 보여주는 노트이지요. 품격 있는 좋은 문장들로 마음을 울리는 연설들이 인류 역사를 어떻게 바꾸었는지를 새롭게 깨달을 수 있을 것입니다. 말의 힘, 글의 힘을 새롭게 깨닫는 순간, 여러분도 제가 앞서 말씀드린 엉뚱한 상상을 하고 있을 겁니다.

_신석호

2 the representatives of the nation themselves? The s...

3 its jurisdiction are those offenses which proceed fr...

4 conduct of public men and that is what we are talkin...

5 In other words, ... the abuse or violation of some

6 trust. It is wrong, I suggest, it is a misunderstan...

7 Constitution for any member here to assert that to...

8 to vote for an Article of Impeachment means that...

9 must be convinced that the President should be re...

10 office. The Constitution doesn't say that.

11 ing to impeachment are an essential check in the...

12 body, the legislature, against and upon the enc...

13 Executive. The division between the two branc...

    ...house and the Senate, assign...

PART 1

민주주의가
언어가 된 순간들

— ᚷ 1 ᚹ —

에이브러햄 링컨의
게티즈버그 연설

The Gettysburg Address
by Abraham Lincoln

게티즈버그 전투 첫째 날,
전쟁터에 쓰러져 있는 연방군(북군) 병사들의 시신

"팔과 다리 그리고 때로는 머리도 땅 위로 불쑥불쑥 튀어나옵니다.
나는 무엇보다 돼지들이 땅속의 시체를 파내 게걸스럽게 먹어 치우는
몇몇 지역에 신경을 곤두세우고 있습니다."

(게리 윌스의 『링컨의 연설』 중)

• 권혁 옮김, 돌을새김, 2012.

&

군더더기 없이 간결하지만 치밀하게 설계된 연설

Government of the people, by the people, for the people
우리나라의 많은 정치인들도 인용했던 이 문장은 링컨의 게티
즈버그 연설에 등장합니다. 미국의 초등학교 교과서에도 실릴
만큼 역사적·수사학적으로 높은 평가를 받는 이 연설이 실제
로는 2분 남짓, 단 272단어에 불과하다는 사실을 알고 있나요?
이 짧은 연설문이 160년이 넘는 세월 동안 여전히 위대한 연설
의 본보기로 회자되는 이유는 무엇일까요? 이제 그 안에 담긴
메시지를 하나씩 살펴보려 합니다.

흑인 노예제 폐지를 주장하며 대선에 출마한 링컨이 미합중국 대통령에 취임합니다. 그런데 기다리기라도 한 듯, 노예제 폐지를 거부하던 남부 11개 주가 곧바로 연방 탈퇴를 선언하고, 한발 더 나아가 연방 정부의 군사 요새인 섬터Sumter를 공격합니다. 1861년 4월, 약 4년간 백만 명이 넘는 사상자를 남긴 남북 전쟁이 그렇게 시작됩니다.

섬터 요새가 포격을 당한 뒤 2년이 지난 1863년 7월 어느 날, 인구 3천 명 남짓의 작은 마을 게티즈버그에 전운이 감돕니다. 지독한 무더위에 몸과 마음이 지쳤을 16만여 명의 남북 병사들 얼굴에 비장함이 어립니다. 그들은 짐작이나 할 수 있었을까요? 자신들이 서 있는 그 들판이, 불과 사흘 뒤면 끔찍한 살육의 현장이 되어 피로 물들게 되리라는 사실을.

전투 결과는 처참했습니다. 사상자는 5만 명에 달했고, 남부의 대들보 로버트 리Robert E. Lee 장군은 남은 병력을 이끌고 급히 퇴각합니다. 전쟁의 조기 종식을 기대하던 북부의 희망도 멀어졌습니다. 리 장군을 생포하고 전쟁을 끝내 연방을 지키려던 링컨은 크게 낙담합니다.

북군은 게티즈버그 전투에서 승리했지만, 막대한 피해를 보았기에 여론이 심상치 않습니다. 사랑하는 가족을 잃은 이들이 연방을 지켜야 할 이유를 묻기 시작했고 전쟁에 대한 회의와 반감이 확산됩니다. 링컨의 고민이 깊어집니다. 이대로라면 1년 뒤 재선에 실패하고 전쟁도 끝내지 못한 채 남부의 연방 탈퇴를 받아들여야 할지도 모르는 상황입니다.

여름이 지나고 서늘한 바람이 부는 가을. 링컨 앞으로 한 통의 편지가 도착합니다. 발신인은 데이비드 윌스David Wills. 게티즈버그 전투 현장을 국립묘지로 조성하는 일을 맡은 인물입니다. 편지 내용은 이러합니다.

"대통령 각하의 짧은 몇 마디 말씀으로 이 전투 현장이 신성한 곳으로 사용됨을 공식 선포해 주시길 간청합니다."

사랑하는 아들을 잃고 깊은 상실감에 시달리던 아내를 뒤로하고, 링컨은 '짧은 몇 마디'를 위해 게티즈버그로 향합니다.

Four score and seven years ago | our fathers brought forth˙
on this continent, a new nation, | conceived˙ in Liberty, | and
dedicated to the proposition˙| that all men are created equal.

Now we are engaged in˙ a great civil war, | testing whether that
nation, | or any nation so conceived and so dedicated, |
can long endure˙.

We are met on a great battlefield of that war. We have come to
dedicate a portion of that field, as a final resting place |
for those who here gave their lives that the nation might live.
It is altogether fitting˙ and proper | that we should do this.

But, in a larger sense˙, | we can not dedicate—we can not
consecrate˙—we can not hallow˙—this ground. The brave men,
living and dead, | who struggled here, | have consecrated it, | far
above our poor power to add or detract˙.

87년 전 우리 선조는 자유 속에 잉태되어, 모든 인간은 평등하게
창조되었다는 명제에 헌신한 새로운 나라를 이 대륙에
탄생시켰습니다.

지금 우리는 큰 내전을 치르고 있습니다. 자유 속에 잉태되고 평등이라는
명제에 헌신한 우리나라가 과연 오래 존속할 수 있는가를 시험받고 있는
것입니다.

우리는 이 내전의 최대 격전지 중 한 곳에 모였습니다. 우리가 모인 이유는
조국을 살리기 위해 여기서 목숨 바친 분들께 이 격전지 일부를 최후의
안식처로 봉헌하기 위해서입니다. 그것은 우리가 해야 하는 지극히
마땅하고 올바른 일입니다.

하지만 좀 더 큰 의미에서 우리는 이 땅을 봉헌할 수 없습니다. 이 땅을
거룩한 장소, 성스러운 곳으로 만들 수 없습니다. 이곳에서 고전하다
살아남고 전사한 용감한 이들이 이 땅을 이미 거룩한 곳으로 만들었고,
우리의 변변찮은 능력으로는 그 거룩함에 무엇을 더하거나 뺄 수 없습니다.

The world will little note*, nor long remember what we say here, but it can never forget what they did here. It is for us, the living, rather, to be dedicated here to the unfinished work which they who fought here have thus far so nobly* advanced.

It is rather for us to be here dedicated to the great task remaining before us—that from these honored dead we take increased devotion to that cause* for which they gave the last full measure of devotion—that we here highly resolve* that these dead shall not have died in vain—that this nation, under God, shall have a new birth of freedom—and that government of the people, by the people, for the people, shall not perish* from the earth.*

---

note 주목하다, 특별히 언급하다 nobly 고결하게 cause 대의, 목적, 원인 resolve 결심[결의]하다
perish 소멸되다

세상은 우리가 여기서 하는 말에 귀 기울이지 않을 것이고 오래 기억하지도 않겠지만, 이 전장에서 저들이 무엇을 했는지는 결코 잊지 못할 것입니다. 여기서 싸웠던 분들이 지금까지 고결하게 진척시킨, 하지만 아직 끝나지 않은 이 과업에 헌신해야 하는 것은 다름 아닌 살아 있는 우리 자신입니다.

여기서 우리 앞에 남겨진 위대한 과업에 바로 우리 자신을 헌신해야 합니다. 이분들의 영예로운 죽음에서 큰 헌신을 배워, 목숨까지 내놓으며 지키려 했던 대의에 우리 자신을 봉헌해야 합니다. 여기서 우리는 이들의 죽음이 헛되지 않도록 굳게 결의하고, 신의 가호 아래 이 나라에서 자유가 새롭게 태어나도록 하며, 국민의, 국민에 의한, 국민을 위한 정부가 지구상에서 사라지지 않도록 해야 합니다.

음원으로 듣기

• 게티즈버그 연설문은 여러 사본이 존재하는데, 그중 가장 널리 인용되는 블리스 사본(Bliss Copy)이다. 링컨이 작성한 마지막 사본으로, 워싱턴 D.C.의 링컨 기념관 벽면에 새겨져 있다.

전쟁의 명분을 밝히다

링컨은 게티즈버그 연설을 통해 흔들리는 민심을 수습하며 전쟁을 이어 가고자 합니다. 전쟁을 정당화하기 위해서는 명분이 필요합니다. 링컨의 연설은 이렇게 시작합니다.

> Four score and seven years ago our fathers brought forth on this continent, a new nation, conceived in Liberty, and dedicated to the proposition that *all men are created equal.*
>
> 87년 전 우리 선조는 자유 속에 잉태되어, **모든 인간은 평등하게 창조되었다**는 명제에 헌신한 새로운 나라를 이 대륙에 탄생시켰습니다.

링컨이 제시한 명분은 무엇일까요? 그것은 자유와 평등이라는 미국의 건국 정신을 수호하는 것입니다. 그러나 무턱대고 "자유와 평등을 위해 싸워야 합니다!"라고 외치는 것만으로는 설득력을 얻기 어렵습니다. "자유와 평등이 중요하다는 걸 모르는 사람이 어딨어? 그렇다고 가족까지 희생해야 하나?"라는 반박이 나올 수 있습니다. 따라서 '왜 싸워야 하는가'에 대한 설득력 있는 논거가 필요합니다. 링컨이 꺼내 든 근거는

「미국 독립선언서」입니다. 서문은 이렇게 시작합니다.

> We hold these truths to be self-evident, that *all men are created equal…*
>
> 우리는 다음의 진리를 자명한 것으로 받아들인다. 모든 **인간은 평등하게 창조되었으며**…

건국의 아버지, 즉 '우리'의 선조가 87년 전에 서명한 문서를 꺼낸 것입니다. 그것을 통해 미국이라는 나라의 뿌리가 자유와 평등임을 청중에게 일깨워 줍니다. 이어서 링컨은 적을 구분하지 않고, 공동체의 결속을 강조합니다.

> Now *we* are engaged in a great civil war, testing whether that nation, or any nation so conceived and so dedicated, can long endure.
>
> 지금 **우리는** 큰 내전을 치르고 있습니다. 자유 속에 잉태되고 평등이라는 명제에 헌신한 우리나라가 과연 오래 존속할 수 있는가를 시험받고 있는 것입니다.

여러분이 링컨이라고 상상해 봅시다. 게티즈버그 연설 당시 청중은 사랑하는 이를 잃은 유족과 전쟁에 지친 시민들이었습니다. 이런 상황에서 전쟁의 당위성을 강조해야 한다면, 감정에 호소하는 방식도 고려할 수 있었을 것입니다. 링컨보다 먼저 연단에 올랐던 에드워드 에버렛Edward Everett이 그랬습니다. 에드워드는 남부를 '반란군'이라 규정하고 반란군들이 연방을 침략했다고 강하게 비난합니다. 그는 전투의 참상을 생생히 묘사하며 청중의 감정을 한껏 휘저었죠.

링컨은 달랐습니다. 그의 연설 어디에도 남부를 향한 비난은 없습니다. 남과 북을 가르는 표현조차 등장하지 않습니다. 링컨은 일관되게 주어로 we를 사용합니다. 링컨에게 이 전쟁은 남과 북 중 한쪽의 편을 들어야 하는 싸움이 아니었습니다. 이 전쟁은 자유와 평등이라는 이상이 과연 현실에서도 지속될 수 있는지를 시험하는 과정이었습니다.

우리 가족 중 한 명이 잠깐 유혹에 빠져 잘못을 저지른다 해도, 그가 여전히 우리 가족의 일원이라는 사실은 변하지 않습니다. 전쟁이 '우리'를 시험해도 남북은 연방이라는 한 울타리에 있는 하나의 공동체라는 메시지를 그는 끈질기게 전합니다. 링컨은 연설에서 '우리'를 의미하는 we, us, our를 총 14번 말합니다. 272단어의 연설에서 그 비중은 결코 가볍지 않습니다.

대조로 대의를 드러내다

이어서 링컨은 '헌신'이라는 주제로 청중을 이끕니다.

> We are met on a great battlefield of that war. We have come to *dedicate* a portion of that field, as a final resting place for those who here *gave their lives that the nation might live.*

우리는 이 내전의 최대 격전지 중 한 곳에 모였습니다. 우리가 모인 이유는 **조국을 살리기 위해 여기서 목숨 바친 분들**께 이 격전지 일부를 최후의 안식처로 **봉헌하기** 위해서입니다.

링컨은 전장을 성스러운 곳으로 만들기 위해 모였다고 하며, 봉헌식의 목적을 정중히 밝힙니다. 이 진술은 곧 이어질 반전—하지만 우리는 봉헌할 수 없다But, in a larger sense, we cannot dedicate—을 위한 서사적 장치입니다. 말하자면, 강한 주장을 위한 전제를 먼저 다져 놓은 것입니다.

게티즈버그 연설에서 핵심 주어가 we라면 핵심 동사는 dedicate 입니다. 이 짧은 연설에 '헌신'의 의미를 담은 단어인 dedicate와 devotion 이 8번 등장합니다. '우리는 헌신해야 합니다'라는 말이 링컨이 전하고자 한 핵심 메시지임을 분명히 보여줍니다.

그렇다면 무엇에 헌신하는 것일까요? 그 실마리는 gave their lives라는 짧은 구절에 담겨 있습니다. 링컨은 수동적 희생 대신 능동적 선택을 뜻하는 동사 gave를 사용함으로써 병사들의 죽음이 자발적 헌신임을 강조합니다. 그들이 생명을 바친gave their lives 이유를 자유와 평등이라는 국가의 이상이 살아남도록 하기 위함that nation might live이라고 말하며, 이 죽음을 단순한 비극을 넘어 의미 있는 대의로 승화시킵니다.

당시 미국은 고전 그리스 문화에 대한 관심이 높았습니다. 링컨 역시 자신의 저택에 그리스 양식을 반영했으며, 고전 수사학과 유클리드 기하학에 정통했습니다. 그래서 그의 연설에는 고대 아테네인들이 즐겨 사용했던 균형 잡힌 대조법—살아있는 자와 죽은 자, 우리와 그들, 삶과 죽음—이 자연스럽게 녹아 있습니다.

1859년, 북부에서 노예 폐지를 주장하던
존 브라운(John Brown)은 연방군의 한 무기고를 습격하며
노예 반란을 시도했지만 실패로 끝났고 결국 처형당했다.
당시 그의 행동은 '반란'으로 규정되었다.
(처형 당일 아침 존 브라운이 감옥을 떠나는 모습)

내전이냐, 독립 전쟁이냐

전쟁의 이름은 그 전쟁의 승자가 정합니다. 자유를 위해 독재 정권을 무너뜨리려는 시도도 성공하면 혁명이라 불리지만, 실패하면 반란으로 기록됩니다.

남북 전쟁 역시 당시 다양한 이름으로 불렸습니다. 북부에서는 '내전Civil War' 또는 '반란 전쟁War of the Rebellion'이라 불렸고, 남부에서는 '남부 독립 전쟁War for Southern Independence' 혹은 '분리 전쟁War of Secession' 이라는 표현이 사용되었습니다. 같은 전쟁인데 이름이 이렇게 다른 이유는 이름이 단순한 호칭을 넘어, 전쟁을 바라보는 관점과 서사를 결정짓는 핵심 요소이기 때문입니다. 적어도 링컨에게는 그랬습니다.

> 내전: 한 국가 내부에서 벌어지는 세력 간의 충돌
>
> 독립 전쟁: 타국의 지배나 간섭에서 벗어나 자주권을 획득하기 위한 투쟁

비유하자면 내전은 가족 간의 다툼, 독립 전쟁은 이미 관계가 틀어진 가족들이 법적으로 분리되려는 싸움으로 볼 수 있습니다. 전자가 '갈등 속에서도 한 가족'임을 전제로 한다면, 후자는 '더는 함께할 수 없음'을 선언하는 것이지요.

노예제 폐지를 감수하며 연방을 반드시 지켜내고자 했던 링컨에게 '독립 전쟁'이라는 말은 결코 받아들일 수 없는 것이었습니다. 링컨은 게티즈버그의 참혹한 전장을 마주한 2만여 군중 앞에서, 아직 끝나지 않은 이 전쟁은 '내전'이라고 분명하게 밝힙니다.

> Now we are engaged in a great *civil war*, testing whether that nation, or any nation so conceived and so dedicated, can long endure.
>
> 지금 우리는 큰 **내전**을 치르고 있습니다. 자유 속에 잉태되고 평등이라는 명제에 헌신한 우리나라가 과연 오래 존속할 수 있는가를 시험받고 있는 것입니다.

링컨에게 이 전쟁은 하나의 국가에 속한 하나의 국민 사이에서 벌어진 고통스러운 분열일 뿐, 결코 두 국가 간의 전쟁이 아니었습니다.

전사자, 순교자가 되다

게티즈버그 연설에 주목할 만한 점이 있습니다. 문장 사이의 인과 관계를 나타내는 접속사 and나 so가 등장하지 않고, 유일하게 접속사 but이 단 한 번 사용된다는 것입니다.

> *But,* in a larger sense, we can not dedicate—we can not consecrate—we can not hallow—this ground. The brave men, living and dead, who struggled here, have consecrated it, far above our poor power to add or detract.
>
> 하지만 좀 더 큰 의미에서 우리는 이 땅을 봉헌할 수 없습니다. 이 땅을 거룩한 장소, 성스러운 곳으로 만들 수 없습니다. 이곳에서 고전하다 살아남고 전사한 용감한 이들이 이 땅을 이미 거룩한 곳으로 만들었고, 우리의 변변찮은 능력으로는 그 거룩함에 무엇을 더하거나 뺄 수 없습니다.

일반적으로 but 뒤에는 본심이 드러납니다. "정말 가고 싶어. 하지만 안 갈래."처럼 말이죠. 링컨 역시 앞서 격전지를 최후의 안식처로 봉헌하기 위해 이곳에 모였다고 말한 뒤, 하지만 그럴 수 없다고 반전시킵니다. but 은 본론을 여는 전환점이자 의도적인 수사 전략입니다.

그렇다면 봉헌할 수 없는 이유는 무엇일까요? 링컨은 전사자들이 흘린 피로 이 땅이 이미 거룩해졌기 때문이라고 말합니다. 그들의 희생은 이 땅을 성스러운 장소hallowed ground로 만든 결정적 이유가 됩니다.

여기서 조금 더 깊이 생각해 보죠. 사전적 의미로 '성지聖地'란 순교가 있었던 장소를 뜻합니다. '순교'란 어떤 신념이나 사상을 지키기 위해 목숨을 바치는 행위입니다. 이 전장을 성지라 부르는 것은, 이곳에서 죽은 이들을 순교자로 간주한다는 의미와 다르지 않습니다. 그리고 그들이 목숨을 바친 신념이란 바로, 자유와 평등이라는 미국의 건국 정신입니다.

결국, 링컨은 전사자들을 단순한 희생자가 아닌, 대의를 위해 생명을 바친 순교자로 격상시키고 있습니다. 앞서 강조한 '헌신'이라는 메시지를 한층 더 힘 있게 전달하고 있는 셈입니다. 그리고 연설에서 단 한 번 등장하는 접속사가 연설의 구조적 반전을 이끌며 청중의 관심을 집중시키는 것입니다.

> 우리는 이 전장을 거룩하게 하려고 여기 모였다. 하지만 그럴 수 없다.
> 전사자들이 이미 피로써 이 땅을 거룩하게 만들었기 때문이다.

링컨의 게티즈버그 연설에는 문장 간의 인과 관계나 글의 흐름을 명확히 하기 위한 장치로서 접속사가 거의 없지만, 그럼에도 문장 간의 흐름은 놀라울 만큼 매끄럽고 유기적입니다. 이러한 유기성은 접속사에 의존하지 않고도 핵심 단어 반복과 구조적 리듬을 통해 문장들이 서로 느슨하지 않게 엮여 있기 때문입니다. we, nation, dedicate, devotion 같은 단어들이 반복되며 연설 전체의 주제와 정서적 흐름을 일관되게 유지합니다.

Four score and seven years ago our fathers brought forth on this continent, a new nation, conceived in Liberty, and dedicated to the proposition that all men are created equal.

Now we are engaged in a great civil war, testing whether that nation, or any nation so conceived and so dedicated, can long endure.

We are met on a great battlefield of that war. We have come to dedicate a portion of that field, as a final resting place for those who here gave their lives that the nation might live.

우리는 흔히 문장이나 단어 하나하나에 집중하느라 문장들이 서로 연결되는 방식을 놓치기 쉽습니다. 나무만 보다 보면 전체 숲의 모습은 보이지 않을 수 있습니다. 잠시 거리를 두고 연설문 전체를 조망해 보면 링컨의 글은 단순한 문장들의 집합이 아니라 치밀하게 구성된 하나의 구조물처럼 다가옵니다. 겉보기에 접속어는 드러나지 않지만 단어 선택과 배열 방식에서 문장들을 정교하게 연결하려는 전략이 엿보입니다. 이런 구조를 보면 링컨이 이 연설을 얼마나 치밀하게 설계했는지 짐작할 수 있습니다.

역사의 과업을 산 자에게 건네다

게리 윌스는 『링컨의 연설』에서, 게티즈버그 연설이 고대 아테네 장례 연설의 전형적인 구조를 따른다고 분석합니다. 이 구조는 크게 두 부분으로 나뉘는데, 하나는 죽은 자를 칭송하는 부분이고, 다른 하나는 산 자에게 남겨진 과업을 강조하는 부분입니다. 다음 문장이 그 경계를 분명히 가릅니다.

It is for *us the living*, rather, to be dedicated here to the unfinished work which *they who fought here* have thus far so nobly advanced.

여기서 싸웠던 분들이 지금까지 고결하게 진척시킨, 하지만 아직 끝나지 않은 이 과업에 헌신해야 하는 것은 다름 아닌 **살아 있는 우리 자신**입니다.

이 문장을 기준으로 앞부분에서는 선조들과 게티즈버그의 전사자들을 기립니다. 말과 행동, 산 자us the living와 죽은 자they who fought here를 대조하며 그들이 얼마나 고귀한 일을 해냈는지에 초점을 맞추며, 전쟁의 대의를 분명히 밝힙니다. 그리고 이 경계 이후, 주체는 '우리'로 바뀝니다. 링컨은 동일한 문장을 반복하며 강조의 효과를 배가시킵니다.

It is rather for *us* to be here dedicated to the great task remaining before us...

여기서 우리 앞에 남겨진 위대한 과업에 **바로 우리 자신**을 헌신해야 합니다.

이제 링컨은 죽은 자가 아닌 산 자에게 역사의 '과업'을 넘깁니다. 전사자들에게서 이어받은 정신의 배턴baton은 이제 청중의 손에 놓였습니다. 이제 그 배턴을 쥔 '우리'가 행동할 때입니다. 그래야만 전사자들의 희생이 헛되지 않고, 그래야만 자유와 평등이라는 건국 이념을 지켜낼 수 있으며, 그것이 바로 신의 뜻이라는 것을 강조하는 것입니다. 게티즈버그 전투 이후의 미국, 특히 청교도 정신을 공유하고, 노예제 폐지를 외쳤던 북부의 청중에게 링컨이 던진 이 메시지는 논리와 정서, 신념의 삼박자가 완벽하게 조화를 이룬 것이었습니다.

게티즈버그 사상자 수가 갖는 무게

링컨은 게티즈버그 연설을 통해 전쟁에 등을 돌리던 여론을 다시 움직이고자 했습니다. 여기서 문득 궁금합니다. 게티즈버그 전투의 사상자 수, 약 5만 명이라는 숫자가 어떤 의미였기에, 링컨은 게티즈버그로 급하게 달려가야 했을까요? 이 질문에 답하려면, 역사적으로 전쟁이 여론에 끼친 영향, 그리고 여론이 다시 전쟁의 흐름을 어떻게 바꾸었는지를 살펴보아야 합니다. 좋은 비교 사례가 있습니다. 바로 베트남 전쟁입니다.

1960년대 초, 미국은 공산주의 확산을 막기 위해 베트남전에 본격적으로 개입했습니다. 그러나 미군은 베트남의 지형과 기후에 익숙하지 않았고 게릴라전과 지하 터널망에 능한 베트콩 앞에 고전했습니다. 금방 끝날 줄 알았던 전쟁은 10년 넘게 지속되었고, 결국 미군 전사자 수는 58,000명을 넘어섰습니다. 이는 당시 미국 전체 인구의 약 0.028%에

1976년 미국 건국 200주년 기념행사 당시 필라델피아에서 열린 반전단체 '전쟁에 반대한 베트남 참전용사회 (VVAW)'의 시위행진 모습

해당하는 규모였습니다. 전사자 수가 증가하고, 희생 소식이 끊이지 않자 미국 내에서 격렬한 반전 여론이 형성되었고, 여론을 의식한 정부는 결국 미군 철수를 결정합니다.

게티즈버그 사상자 수 5만 명의 충격은 어느 정도였을까요? 남북 전쟁 당시 미국의 전체 인구는 약 3,000만 명으로 추정됩니다. 게티즈버그 전투에서 발생한 사상자가 전체 인구의 약 0.16%에 달했던 것입니다. 단일 전투라는 점을 고려하면 베트남전보다 치명적인 손실이었습니다. 전쟁에 대한 국민들의 피로와 분노, 냉소적인 여론은 충분히 예상 가능한 흐름이었습니다. 그렇기 때문에 링컨은 게티즈버그로 직접 발걸음을 옮겨 이 전쟁의 의미를 다시 일깨우는 연설을 해야만 했던 것입니다.

연설 길이에 숨은 사연

링컨의 게티즈버그 연설은 단 2분 남짓으로 마무리됩니다. 기자들이 사진 찍을 준비를 하는 사이, 연설이 끝나는 바람에 사진이 한 장도 남지 않

링컨(좌)과 에버렛(우)

앴다는 후문도 전해집니다. 그의 짧은 연설은 앞서 약 2시간에 걸친 에드 워드 에버렛의 연설과 비교됩니다. 일각에서는 링컨이 에버렛의 장황한 연설에 지친 청중을 배려해 간결하게 마무리했다고도 하고, 또는 그가 이 연설을 별로 중요하게 여기지 않아 기차 안에서 봉투 뒷면에 몇 자 끼 적었을 것이라고 말하기도 합니다.

링컨의 연설이 짧았던 진짜 이유는 봉헌식의 주최자 데이비드 윌 스가 링컨에게 보낸 공식 초청장과 당시 게티즈버그 봉헌식의 순서를 보 면 분명히 드러납니다.

It is the desire that, *after the Oration*, you, as Chief Executive of the Nation, formally set apart these grounds to their sacred use by *a few appropriate remarks*.

국가의 수장으로서, **추도사가 끝난 후 몇 마디 적절한 말씀**을 통해 이 전투 현장을 신성한 용도로 공식 지정해 주시기를 바랍니다.

링컨은 에버렛의 추도사 이후after the Oration, 몇 마디 적절한 말a few appropriate remarks을 덧붙이는 역할이었습니다. 주 연설자는 에드워드 에버렛이었고, 링컨은 행사의 폐회사를 맡은 인물로 초청받았을 뿐입니다. 따라서 그의 연설은 본래부터 짧을 수밖에 없었습니다.

　　두 사람의 연설을 단순히 길이로 비교해, 에버렛은 지루한 연설자이고 링컨은 위대한 연설자라고 평가하기도 합니다. 19세기 미국에서는 연설이 일종의 공적 공연처럼 여겨졌으며, 에버렛은 대중적 명성을 지닌 그 시대 최고의 웅변가였습니다. 청중 역시 전투의 현장을 생생히 재현해 낸 그의 연설에 깊이 빠져들었을 것입니다. 물론, 단 2분에 불과한 링컨의 연설이 그 모든 감동을 집약해 버렸다는 점은 아이러니합니다. 링컨의 연설은 짧지만 명료한 언어와 치밀한 구성만으로도 깊은 여운을 남길 수 있다는 것을 보여줍니다. 이런 글은 기차 안에서 즉흥적으로 써서 나올 수 없습니다.

All men are created equal, 불편한 진실

미국 정치인들의 연설에는 자주 등장하는 문구들이 있습니다. 대표적인 것이 all men are created equal모든 인간은 평등하게 창조되었다과 unalienable rights양도할 수 없는 권리입니다. 링컨 대통령뿐 아니라, 존 F. 케네디, 버락 오바마, 조 바이든 대통령도 이 표현들을 반복해서 써 왔습니다. 이 두 표현은 단순한 수사적 장치를 넘어서, 미국 건국 정신의 핵심을 이루는 말이기 때문입니다. 이 두 표현 모두 1776년 7월 4일, 당시 영국 식민지였던 13개 주의 대표들이 필라델피아에 모여 채택한 「미국 독립선언서」 서문에 등장합니다.

> We hold these truths to be self-evident, that *all men are created equal…*
>
> 우리는 다음의 진리를 자명한 것으로 받아들인다. 모든 인간은 평등하게 창조되었으며…

그렇다면 여기서 한 가지 질문이 생깁니다. all men에 과연 흑인도 포함되었을까? 대부분의 역사학자는 그렇지 않다는 데 의견을 같이합니다. 당시 건국의 아버지들이 말한 all men은 사실상 백인 남성, 그것도 주로 지주 계급의 백인 남성을 의미했던 것으로 해석됩니다.

당시 미국 경제는 흑인의 노예 노동에 의존하고 있었고, 흑인 노예의 해방은 정치적·경제적으로 받아들여지기 어려운 급진적 주장이었습니다. 독립선언서의 초안을 작성한 토머스 제퍼슨조차도 약 600명의

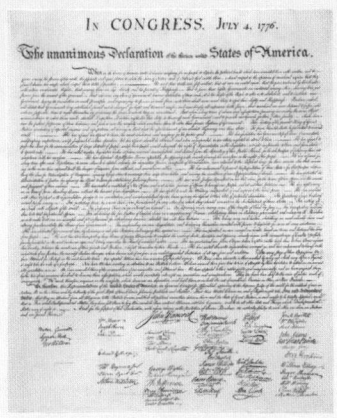

흑인 노예를 소유하고 있었습니다. "모든 인간은 평등하게 창조되었다."
고 선언하면서도 자신의 사유지에서 수백 명의 사람을 노예로 부리고 있
었다는 사실은, 이 문장의 이상과 당대의 현실 사이에 큰 간극이 있었음
을 보여줍니다.

모호한 문장은 새로운 해석의 여지를 남기기도 합니다. 링컨은
게티즈버그 연설을 통해 all men에 흑인을 포함시켜 재정의합니다. 게티
즈버그 연설은 전사자 추모를 넘어, 독립선언서의 핵심 가치 안에 흑인을
포함하고자, 포용의 언어를 선포한 순간이기도 했습니다. 100년 후 마틴
루서 킹은 유명한 「저에게는 꿈이 있습니다 Have a Dream」 연설에서 이 말
을 당당하게 인용하며 링컨이 확장한 all men의 의미를 다시 한번 강조
합니다.

책의 참고 문헌을 따라가다 보면, 그 끝은 종종 고전 문학이나 고전 철학에 닿습니다. 글의 뿌리를 찾아가는 셈이지요. 연설문도 마찬가지입니다. 특히 청중이 '국민'인 정치 연설이라면 더욱 그렇습니다. 정치인은 연설을 준비할 때, 자신이 속한 정당의 역사적 문서뿐만 아니라 국민의 기억에 깊이 새겨진 인물의 역사적인 연설을 참고하기 때문입니다.

그래서 저는 하나의 연설문을 읽고 또 읽습니다. 읽을 때마다 조금씩 모습을 드러내는 글의 뿌리를 찾아내야만 연설자의 정치적 태도와 세계관을 더 깊이 이해할 수 있다고 믿는 것이지요. 이러한 방법으로 1963년 마틴 루서 킹 목사의 「저에게는 꿈이 있습니다」 연설, 1965년 린든 B. 존슨 대통령의 「우리 승리하리라We Shall Overcome」 연설, 2008년 버락 오바마의 대통령 수락 연설을 포함한 미국의 여러 정치 연설이 링컨의 게티즈버그 연설을 뿌리로 두고 있다는 것을 알게 되었습니다.

미국이라는 나라는 '모든 인간은 평등하게 창조되었다'는 명제에 뿌리를 두고 있으니, 민주주의 이념의 상징인 게티즈버그 연설이 미국 정치 연설의 거대한 뿌리가 된 것은 너무나도 당연한 일입니다. 따라서 게티즈버그 연설을 제대로 이해하는 것은 미국 역사 공부의 첫 단추를 잘 끼우는 일이라 할 수 있겠습니다.

2

존 F. 케네디의
흑인 민권 대국민 연설

Report to the American People
on Civil Rights by John F. Kennedy

방송 카메라 앞에서 연설하는 케네디

"방금 대통령님 연설을 들었습니다.
인류의 정의와 자유를 논하는
그 어느 대통령의 연설보다
설득력 있고 심오했으며 명쾌했습니다."

(마틴 루서 킹 목사가 존 F. 케네디에게 보낸 전보 중)

아리스토텔레스부터 키케로까지,
고전 수사학 기법의 향연

1954년에 미국에서 컬러텔레비전 방송이 시작되고 1960년에는 거의 모든 가정에 TV가 보급됩니다. 이 변화를 누구보다 전략적으로 활용한 인물이 존 F. 케네디입니다. 젊고 자신감 넘치는 태도로 미국민에게 어필하던 케네디는 TV라는 매체의 힘을 잘 알고 있었습니다. 1960년, 미국 역사상 처음으로 대선 후보의 TV 토론이 열렸을 때, 케네디는 현장에 일찍 도착해 조명을 점검하고 카메라에 최적인 위치를 선점하는 등 치밀하게 준비했습니다. 방송 시간에 간신히 도착한 공화당의 닉슨 후보와 대조적이었지요.

1963년 6월 11일, 인종 분리를 주장하는 주지사가 버티고 선 앨라배마 대학교에 흑인 두 명이 입학을 시도합니다. 미국 전역의 이목이 쏠린 이 사건을 케네디가 그냥 넘길 리 없지요. 그렇게 미국 민권 역사에 한 획을 그은 대통령의 TV 생방송 연설이 탄생합니다.

1963년 6월 11일, 흑인 두 명이 입학 등록을 위해 앨라배마 대학교 정문에 나타납니다. 그런데 그 앞을 한 남성이 가로막습니다. 앨라배마 주지사 조지 월리스George Wallace입니다. 그는 주지사 취임식 연설에서 "오늘도 인종 분리, 내일도 인종 분리, 영원히 인종 분리!Segregation now, segregation tomorrow, segregation forever!"를 외쳤던 인물입니다. 그는 자신이 주지사로 있는 한 흑인의 대학 입학은 절대 허용되지 않을 것이라며, 두 흑인에게 집으로 돌아가라고 합니다.

정오 무렵, 현장 상황을 보고 받은 케네디는 행정명령을 발동해, 주지사 뒤를 지키고 있던 앨라배마주 방위군을 연방 방위군으로 편입시킵니다. 그리고 그날 저녁에 대국민 연설을 할 테니 뉴스 방송 시간을 확보해 두라고 지시합니다.

주 방위군 사령관의 입장은 난처해집니다. 몇 시간 전까지는 주지사를 보호하는 임무를 맡았지만, 이제는 연방 행정명령*에 따라 그를 대학 정문에서 물러서게 해야 하는 상황이 된 것입니다. 현장에 도착한 사령관은 주지사에게 이렇게 말합니다. "물러서시라 명할 수밖에 없는 제 입장이 안타깝습니다." 더 이상 자기편이 없다고 느낀 월리스는 결국 물러섭니다. 인종 분리의 상징과 같던 앨라배마 주지사가 연방 정부에 굴복하는 역사적 순간입니다.

• 케네디의 행정명령은 '정의의 장애물을 제거하는(to remove obstructions of justice)' 임무를 수행하는 것이었습니다.

이에 케네디가 참모들에게 말합니다. "민권 연설, 오늘 하는 게 어때요?" 대부분의 참모들은 남부의 강한 반발이 예상된다며 반대합니다. 대통령의 친동생이자 법무부 장관이었던 로버트 케네디만이 대통령의 결정을 지지합니다. 참모진 사이에 격론이 오갑니다. 이때 한쪽에서 숨죽이고 있는 남성이 있었으니, 대통령 연설문 작성자 테드 소렌슨Ted Sorensen입니다. 오후 6시, 연설문을 준비하라는 최종 지시가 소렌슨에게 전달됩니다. 케네디의 결정적 48시간을 다룬 『6월의 이틀Two Days in June』의 저자 앤드루 코헨Andrew Cohen도 당시 상황을 언급합니다.

"준비된 연설문은 없었다. 소렌슨은 2시간 안에 대통령의 연설문을 완성해야 한다는 사실에 극도로 긴장했다."

생방송 한 시간 전, 급히 작성된 초안을 건네받은 케네디의 표정이 좋지 않습니다. 직접 펜을 꺼내 문장을 다듬고, 수정이 가득한 종이를 다시 소렌슨에게 넘깁니다. 그에게 주어진 시간은 단 20분. 그 안에 완성하지 못하면 방송에 차질이 생깁니다. 생방송 4분 전. 소렌슨이 완성된 원고를 들고 대통령 집무실로 허겁지겁 들어옵니다. 케네디는 원고를 빠르게 훑고 몇 군데 더 손을 봅니다. 드디어 카메라에 불이 들어옵니다.

Good evening, my fellow citizens:
This afternoon, following a series of threats and defiant*
statements, ɪ the presence of Alabama National Guardsmen was
required on the University of Alabama ɪ to carry out the final
and unequivocal* order ɪ of the United States District Court of
the Northern District of Alabama. That order called for the
admission of two clearly qualified young Alabama residents ɪ
who happened to have been born Negro. That they were
admitted peacefully on the campus ɪ is due in good measure to
the conduct of the students of the University of Alabama, ɪ who
met their responsibilities in a constructive way.

I hope that every American, regardless of where he lives, ɪ will
stop and examine his conscience about this and other related
incidents. This Nation was founded by men of many nations
and backgrounds. It was founded on the principle that all
men are created equal, ɪ and that the rights of every man are
diminished ɪ when the rights of one man are threatened.

| defiant 반항하는, 도전적인 unequivocal 명백한, 분명한

국민 여러분, 안녕하십니까.

온갖 위협과 반대 성명이 잇따른 가운데, 앨라배마 북부 지방 법원의 최종 확정 명령을 집행하기 위해 오늘 오후 앨라배마주 방위군이 앨라배마 대학교 내로 진입해야 했습니다. 그 명령은 자신의 의지와 관계없이 흑인으로 태어난, 자격이 충분한 두 앨라배마 젊은이의 입학을 요구하는 것이었습니다. 그들이 평화롭게 교정으로 들어갈 수 있었던 것은 건설적인 방식으로 자신들의 책임을 다한 앨라배마 대학교 학생들의 행동 덕분입니다.

국민 여러분께서는 어디에 살든 잠시 하던 일을 멈추고 오늘 이 사건과 이와 관련된 다른 사건들을 자신의 양심에 비춰 보시길 바랍니다. 이 나라는 여러 국적과 다양한 배경을 가진 사람들이 건국했습니다. 모든 인간은 평등하게 창조되었으며, 한 사람의 권리가 위협받으면 모든 국민의 권리가 침해받는다는 신념에 그 뿌리를 두고 있습니다.

Today we are committed to a worldwide struggle ¦ to promote and protect the rights of all who wish to be free. And when Americans are sent to Viet-Nam or West Berlin, ¦ we do not ask for whites only. It ought to be possible, therefore, ¦ for American students of any color ¦ to attend any public institution they select ¦ without having to be backed up˚ by troops.

It ought to be possible for American consumers of any color ¦ to receive equal service in places of public accommodation, ¦ such as hotels and restaurants and theaters and retail stores, ¦ without being forced to resort to˚demonstrations in the street, ¦ and it ought to be possible for American citizens of any color ¦ to register to vote in a free election ¦ without interference˚or fear of reprisal˚.

It ought to be possible, in short, ¦ for every American to enjoy the privileges of being American ¦ without regard to his race or his color. In short, every American ought to have the right to be treated ¦ as he would wish to be treated, ¦ as one would wish his children to be treated. But this is not the case.

---

be backed up ~의 도움을[지지를] 받다 resort to ~에 의지하다 interference 간섭, 방해
reprisal 보복, 앙갚음

오늘날 우리는 자유를 갈망하는 모든 이들의 권리를 신장하고
보호하기 위해 전 세계적인 투쟁에 매진하고 있습니다. 그리고 우리는
군대를 베트남이나 서베를린에 파병할 때 백인들만을 요구하지
않았습니다. 따라서 미국 학생이라면 피부색이 어떻든 군대의 지원을
받지 않고도 자신이 선택한 공공 교육기관에 다닐 수 있어야 합니다.

미국 소비자라면 피부색이 어떻든 거리에서 굳이 시위를 하지 않아도
호텔, 식당, 극장, 상점 같은 공공시설에서 동등한 서비스를 받을 수
있어야 합니다. 그리고 미국 시민이라면 피부색이 어떻든 방해를
받거나 보복에 대한 두려움 없이 자유롭게 선거에 등록하고 투표할 수
있어야 합니다.

한마디로, 자신이 남에게 대접받기를 바라는 만큼, 자기 자녀들이
남에게 대접받기를 바라는 만큼, 모든 미국인은 그와 같은 대접을 받을
권리가 있습니다. 하지만 현실은 그렇지 못합니다.

The Negro baby born in America today, | regardless of the section of the Nation in which he is born, | has about one-half as much chance of completing a high school | as a white baby born in the same place on the same day, | one-third as much chance of completing college, | one-third as much chance of becoming a professional man, | twice as much chance of becoming unemployed, | about one-seventh as much chance of earning $10,000 a year, | a life expectancy* which is 7 years shorter, | and the prospects of earning only half as much.

This is not a sectional issue. Difficulties over segregation* and discrimination exist in every city, in every State of the Union, | producing in many cities a rising tide of discontent | that threatens the public safety. Nor is this a partisan* issue. In a time of domestic crisis | men of good will and generosity should be able to unite | regardless of party or politics. This is not even a legal or legislative* issue alone. It is better to settle these matters in the courts than on the streets, | and new laws are needed at every level, | but law alone cannot make men see right.

life expectancy 기대 수명 segregation (인종·종교·성별에 따른) 분리, 차별 partisan 편파[당파]적인 legislative 입법의, 법률을 제정하는

출생 지역과 상관없이 오늘날 미국에서 태어나는 흑인 아기는 같은 날, 같은 지역에서 태어나는 백인 아기에 비해 고등학교를 졸업할 확률이 절반밖에 되지 않고, 대학교를 졸업할 확률은 3분의 1, 전문직에 종사할 확률도 3분의 1, 실직할 확률은 2배, 연간 1만 달러를 벌 확률은 7분의 1이며, 기대 수명은 7년이 짧고, 예상 수입은 절반에 불과합니다.

이는 지역적인 문제가 아닙니다. 미국의 모든 주와 도시에 인종 분리와 차별로 인한 어려움이 존재하고, 그로 인해 많은 도시에서 불만이 높아지면서 공공 안전이 위협받고 있습니다. 이는 특정 당파의 문제도 아닙니다. 선량하고 관대한 국민이라면 나라가 위기에 처했을 때 자신이 속한 당파나 정치색과 상관없이 결속할 수 있어야 합니다. 이는 법이나 법률 제정의 문제만도 아닙니다. 이러한 문제는 거리가 아닌 법정에서 해결되는 것이 낫고, 모든 차원에서 새로운 법을 제정해야 합니다. 하지만 법만으로는 사람들을 올바른 길로 인도할 수 없습니다.

We are confronted primarily with a moral issue. It is as old as the scriptures˙ and is as clear as the American Constitution. The heart of the question is whether all Americans are to be afforded equal rights and equal opportunities, whether we are going to treat our fellow Americans as we want to be treated.

If an American, because his skin is dark, cannot eat lunch in a restaurant open to the public, if he cannot send his children to the best public school available, if he cannot vote for the public officials who will represent him, if, in short, he cannot enjoy the full and free life which all of us want, then who among us would be content to have the color of his skin changed and stand in his place? Who among us would then be content with the counsels˙ of patience and delay?

One hundred years of delay have passed since President Lincoln freed the slaves, yet their heirs, their grandsons, are not fully free. They are not yet freed from the bonds of injustice. They are not yet freed from social and economic oppression. And this Nation, for all its hopes and all its boasts, will not be fully free until all its citizens are free.

---

scripture 성서, 경전 counsel 조언, 충고

우리가 직면한 가장 큰 문제는 도덕성의 문제입니다. 이 문제는 성경만큼 오래되었고 미국 헌법만큼이나 명백합니다. 질문의 핵심은 모든 미국인이 동등한 권리와 동등한 기회를 누릴 수 있는가, 그리고 우리가 스스로 대접받기를 원하는 대로 다른 미국인들을 대접할 것인가 하는 점입니다.

만약 어떤 미국인이 단지 피부색이 검다는 이유로 일반인이 드나드는 식당에서 점심을 먹을 수 없다면, 자녀를 가장 좋은 공립 학교에 보낼 수 없다면, 자신을 대표할 공직자에게 투표할 수 없다면, 한마디로 말해서 우리 모두가 원하는 충만하고 자유로운 삶을 누릴 수 없다면, 과연 우리 중 어느 누가 기꺼이 피부색을 바꾸어 그의 입장이 되겠습니까? 우리 중 어느 누가 인내하고 기다리라는 조언을 따르겠습니까?

링컨 대통령이 노예를 해방한 지 백 년이 지났지만, 그 후손들, 손자들은 온전한 자유를 누리지 못하고 있습니다. 아직 불평등의 굴레에서 벗어나지 못했습니다. 여전히 사회적·경제적 억압에서 벗어나지 못하고 있습니다. 이 나라는 모든 희망과 자랑거리에도 불구하고, 모든 시민이 자유를 누리기 전에는 완전한 자유의 나라가 될 수 없습니다.

We preach freedom around the world, ι and we mean it, ι and we cherish our freedom here at home, ι but are we to say to the world, ι and much more importantly, to each other ι that this is the land of the free except for the Negroes; that we have no second-class citizens˙ except Negroes; that we have no class or caste system, no ghettoes˙, no master race ι except with respect to Negroes?

Now the time has come for this Nation to fulfill its promise. The events in Birmingham and elsewhere ι have so increased the cries for equality ι that no city or State or legislative body can prudently choose to ignore them. The fires of frustration and discord˙ are burning in every city, North and South, ι where legal remedies are not at hand. Redress˙ is sought in the streets, ι in demonstrations, parades, and protests ι which create tensions and threaten violence and threaten lives.

We face, therefore, a moral crisis as a country and as a people. It cannot be met by repressive˙ police action. It cannot be left to increased demonstrations in the streets. It cannot be quieted by token˙ moves or talk. It is time to act in the Congress, ι in your State and local legislative body ι and, above all, in all of our daily lives.

> second-class citizen 사회적 약자 ghetto 빈민가 discord 불화, 다툼, 불협화음 redress 시정,
> 보상; 바로잡다, 시정하다 repressive 억압적인, 탄압하는 token 형식적인, 시늉에 불과한

우리는 전 세계에 자유를 전합니다. 진심으로 전합니다. 또한 우리는
이 땅에서 누리는 자유를 소중하게 여깁니다. 그런데 세상 사람들에게,
아니 더 중요하게는 우리 서로에게 이렇게 말해야 하겠습니까? "미국은
자유의 땅이지만 흑인은 예외다." "미국에는 사회적 약자가 없지만
흑인은 예외다." "미국에는 사회 계급이나 카스트 제도, 빈민가, 지배
민족 같은 건 없다. 하지만 흑인에 대한 존중은 예외다."라고 말입니다.

이제 이 나라가 약속을 지켜야 할 때가 왔습니다. 버밍햄과 다른
지역들에서 발생한 사건들로 인해 평등을 요구하는 절규가 더욱
커졌고, 어떤 도시나 주, 입법 기관도 이를 무시할 수 없게 되었습니다.
좌절과 갈등의 불길이 북부와 남부 모든 도시에서 타오르고 있는데,
법적 구제책은 마련되어 있지 않습니다. 사람들이 상황을 바로잡기
위해 거리로 나와 시위, 행진, 집회를 벌이면서, 긴장감을 조성하고
폭력으로 협박하고 생명을 위협하고 있습니다.

따라서 우리는 하나의 국가, 하나의 국민으로서 도덕적 위기에 직면한
것입니다. 이 위기는 경찰의 강압적인 진압으로 해결할 수 없습니다.
이 위기는 점점 커가는 가두 시위로 해결할 수 없습니다. 형식적인
조치나 대화로 잠재울 수 없습니다. 이제 의회가, 각 주와 지역 입법
기관이 움직여야 할 때입니다. 그리고 무엇보다도, 우리 모두가
일상에서 행동해야 할 때입니다.

It is not enough to pin* the blame on others, | to say this is a problem of one section of the country or another, | or deplore* the fact that we face. A great change is at hand, | and our task, our obligation, | is to make that revolution, that change, | peaceful and constructive for all. Those who do nothing | are inviting shame as well as violence. Those who act boldly | are recognizing right as well as reality.

Next week I shall ask the Congress of the United States to act, | to make a commitment it has not fully made in this century to the proposition | that race has no place in American life or law. The Federal judiciary has upheld* that proposition in the conduct of its affairs, | including the employment of Federal personnel*, | the use of Federal facilities, | and the sale of federally financed housing.

But there are other necessary measures which only the Congress can provide, | and they must be provided at this session. The old code of equity law under which we live | commands for every wrong a remedy, | but in too many communities, in too many parts of the country, | wrongs are inflicted on Negro citizens | and there are no remedies at law. Unless the Congress acts, | their only remedy is in the street.

pin sth on sb (죄, 책임 등을) ~에게 뒤집어씌우다 deplore 개탄하다 uphold 지지하다,
떠받치다, 유지하다 personnel 직원들, 인원

다른 이들에게 책임을 전가하거나, 이 문제를 특정 지역만의 문제로
치부해 말하거나, 우리가 직면한 사실을 개탄하는 것으로는 충분하지
않습니다. 거대한 변화가 눈앞에 있습니다. 모두를 위해 그 변혁과
그 변화를 평화롭고 건설적으로 만드는 것이 우리에게 주어진
과업이자 의무입니다. 행동하지 않는 것은 폭력과 수치심을 받아들이는
것이며, 분연히 행동하는 것은 현실과 권리를 인식하는 것입니다.

다음 주, 저는 미국 의회가 행동할 것을 요청할 것입니다. 이번 세기에
온전히 지켜지지 못한, 미국인들의 삶이나 법에 인종이 끼어들 자리는
없다는 원칙에 대해 공약할 것을 요청할 것입니다. 연방 사법부는 연방
직원 채용과 연방 시설 이용, 연방 자금 지원 주택 매매 등 업무 수행에
있어서 그 원칙을 지지해 왔습니다.

하지만 오직 의회만이 취할 수 있는 다른 필수적인 조치들이 있으며,
이 조치들은 반드시 이번 회기에 마련되어야 합니다. 우리 삶을 규정해
온 오랜 형평법은 모든 부당 행위에 대해 해결책을 요구하지만, 미국의
너무 많은 공동체, 너무 많은 지역에서 흑인 시민들이 부당한 대우를
받고도 법적 해결 방안이 없습니다. 의회가 행동하지 않는다면 흑인
시민들이 선택할 수 있는 해결 방안은 거리의 시위뿐입니다.

I am, therefore, asking the Congress to enact legislation | giving all Americans the right to be served in facilities | which are open to the public—hotels, restaurants, theaters, retail stores, and similar establishments. This seems to me to be an elementary right. Its denial is an arbitrary* indignity* | that no American in 1963 should have to endure, | but many do.

I have recently met with scores of business leaders | urging them to take voluntary action to end this discrimination | and I have been encouraged by their response, | and in the last 2 weeks, over 75 cities | have seen progress made | in desegregating these kinds of facilities. But many are unwilling to act alone, | and for this reason, nationwide legislation is needed | if we are to move this problem from the streets to the courts.

I am also asking the Congress to authorize the Federal Government | to participate more fully | in lawsuits designed to end segregation in public education. We have succeeded in persuading many districts to desegregate* voluntarily. Dozens have admitted Negroes without violence. Today a Negro is attending a State-supported institution in every one of our 50 States, | but the pace is very slow.

| arbitrary 독단적인, 제멋대로인 indignity 모욕, 수모 desegregate 인종 차별 정책을 철폐하다

따라서 저는 대중에게 개방된 시설, 즉 호텔, 식당, 극장, 소매점, 그 외 유사한 시설의 서비스를 모든 미국인이 누릴 수 있도록 의회가 법을 제정할 것을 요청하는 바입니다. 이것은 기본권이라고 생각합니다. 이 기본권을 부정하는 것은 1963년의 미국 시민 그 누구도 감내해서는 안 될 독단적 모욕입니다. 하지만 많은 사람들이 이를 감내하고 있습니다.

저는 최근 수십 명의 기업 경영자들을 만나 이런 차별을 끝내기 위한 자발적인 조치를 취할 것을 촉구했으며 그들의 반응에 힘을 얻고 있습니다. 그리고 지난 2주간 75개가 넘는 도시의 이와 같은 교육 시설에서 인종 차별 폐지에 진전이 있었습니다. 그러나 많은 이들이 홀로 행동하는 것은 주저하고 있습니다. 이런 이유로, 국가 차원의 법률을 제정하여 이 문제를 거리가 아닌 법정에서 해결할 수 있도록 해야 합니다.

아울러 저는 연방 정부가 공교육 인종 분리 철폐 소송에 더 적극 참여할 수 있는 권한을 의회에 요청합니다. 우리는 여러 지역을 설득하여 자발적인 인종 차별 폐지를 성공적으로 이끌어 내었습니다. 수십 개 지역의 학교에서 흑인들이 폭력 사태 없이 입학했습니다. 현재 우리나라 50개 모든 주에서 주 정부 지원 기관에 흑인 학생이 다니고 있지만, 변화의 속도는 너무 느립니다.

Too many Negro children | entering segregated grade schools*
at the time of the Supreme Court's decision 9 years ago |
will enter segregated high schools this fall, | having suffered
a loss which can never be restored*. The lack of an adequate
education | denies the Negro a chance to get a decent* job.
The orderly* implementation* of the Supreme Court decision,
therefore, | cannot be left solely to those | who may not have
the economic resources to carry the legal action | or who may
be subject to* harassment.

Other features will also be requested, | including greater
protection for the right to vote. But legislation, I repeat, |
cannot solve this problem alone. It must be solved in the
homes of every American | in every community across our
country.

In this respect, I want to pay tribute to those citizens North
and South | who have been working in their communities to
make life better for all. They are acting not out of a sense of
legal duty | but out of a sense of human decency*. Like our
soldiers and sailors in all parts of the world | they are meeting
freedom's challenge on the firing line*, | and I salute them for
their honor and their courage.

---

grade school 초등학교 restore 회복시키다 decent (수준, 질이) 괜찮은 orderly 질서 있는,
평화로운 implementation 이행, 실행 be subject to ~를 당하기 쉽다 decency 품위, 체면
firing line 최전선, 사선

9년 전 대법원 판결 당시, 인종 분리 초등학교에 입학한 수많은 흑인 어린이들은 이번 가을에는 인종 분리 고등학교에 입학하게 됩니다. 절대 아물지 않을 상처를 입은 채로 말입니다. 제대로 된 교육을 받지 못한 흑인들은 번듯한 직장을 얻을 기회조차 없습니다. 따라서 대법원 판결의 질서 있는 이행을 경제적 여력이 없어 소송할 수 없거나 인종 차별에 취약한 이들에게만 맡겨 둘 수는 없습니다.

흑인들의 투표권을 더욱 확실히 보호할 수 있는 조치와 함께 다른 조치들도 의회에 요구할 것입니다. 하지만 법률 제정만으로 이 문제를 해결할 수 없다는 것을 다시 한번 말씀드립니다. 이 문제는 전국 모든 지역 사회의 모든 미국인 가정에서 해결되어야 합니다.

이런 점에서 저는 자신이 속한 공동체에서 모두의 삶이 더 나아질 수 있도록 노력해 온 북부와 남부 시민들에게 경의를 표하고 싶습니다. 그들은 법적 의무감이 아닌 인간으로서의 품위에 따라 행동하고 있는 것입니다. 그들은 전 세계 곳곳에 배치된 우리나라의 육군과 해군처럼 최전선에서 자유에 대한 도전에 맞서고 있습니다. 저는 그들의 명예와 용기에 경의를 표합니다.

My fellow Americans, I this is a problem which faces us all—in every city of the North as well as the South. Today there are Negroes unemployed, I two or three times as many compared to whites, I inadequate* education, moving into the large cities, unable to find work, I young people particularly out of work without hope, I denied equal rights, denied the opportunity I to eat at a restaurant or lunch counter or go to a movie theater, I denied the right to a decent education, I denied almost today the right to attend a State university I even though qualified. It seems to me that these are matters which concern* us all, I not merely Presidents or Congressmen or Governors, I but every citizen of the United States.

This is one country. It has become one country I because all of us and all the people who came here I had an equal chance to develop their talents.

We cannot say to 10 percent of the population I that you can't have that right; that your children cannot have the chance to develop whatever talents they have; that the only way that they are going to get their rights I is to go into the streets and demonstrate. I think we owe them I and we owe ourselves I a better country than that.

| inadequate 불충분한, 부족한 concern 관련 있다, 영향을 주다

친애하는 국민 여러분, 이것은 남부만이 아니라 북부의 모든 도시에서 우리 모두가 직면하고 있는 문제입니다. 오늘날 흑인의 실업률은 백인과 비교하면 두세 배에 달하며, 흑인들은 적절한 교육을 받지 못하여 대도시로 이주해서도 일자리를 구하지 못하고 있습니다. 특히 흑인 청년들은 실직하고 희망을 잃은 채 평등한 권리를 빼앗기고 있으며, 식당이나 간이 식당에서 식사하거나 극장에 갈 기회를 박탈당하고, 제대로 된 교육을 받을 권리도 누리지 못하며, 오늘도 자격이 있는데도 주립 대학에 입학할 권리를 인정받지 못하고 있습니다. 이것은 대통령이나 의원, 주지사만이 아닌 미국의 모든 시민과 관련 있는 문제라고 생각합니다.

미국은 하나의 국가입니다. 이 나라가 하나가 된 것은 우리 모두와 여기에 온 모든 사람이 동등한 기회를 얻고 자신의 재능을 발전시켰기 때문입니다.

우리는 미국 인구의 10%에 해당하는 흑인들에게 당신에게는 그런 권리가 없다고, 당신 자녀들은 어떤 재능을 가졌든 재능을 계발할 기회는 없다고, 그들이 권리를 쟁취하는 유일한 방법은 거리로 나가 시위하는 것뿐이라고 말할 수 없습니다. 저는 우리가 흑인들에게, 그리고 우리 자신에게 그보다 더 나은 나라를 만들어 주어야 한다고 생각합니다.

Therefore, I am asking for your help ।in making it easier for us to move ahead ।and to provide the kind of equality of treatment ।which we would want ourselves; to give a chance for every child to be educated to the limit of his talents.

As I have said before, ।not every child has an equal talent or an equal ability or an equal motivation, ।but they should have an equal right to develop their talent and their ability and their motivation, ।to make something of themselves*.

We have a right to expect ।that the Negro community will be responsible, will uphold the law, ।but they have a right to expect that the law will be fair, ।that the Constitution will be color blind, ।as Justice Harlan said at the turn of the century.

This is what we are talking about ।and this is a matter which concerns this country ।and what it stands for, ।and in meeting it ।I ask the support of all our citizens. Thank you very much.

| make something of oneself 성공하다, 출세하다

따라서 저는 우리가 더욱 수월하게 앞으로 나아갈 수 있도록, 그리고 우리 스스로가 원하는 동등한 대우를 모두가 받을 수 있도록, 모든 어린이가 교육받을 기회를 얻어 자신의 재능을 충분히 발휘할 수 있도록 국민 여러분께 도움을 청합니다.

앞서 말씀드렸듯이, 모든 어린이가 동등한 재능이나 동등한 능력, 동등한 동기를 가진 것은 아닙니다만, 자신의 재능과 능력, 동기를 계발하고 성공할 수 있는 동등한 권리는 가져야 합니다.

우리는 흑인 공동체가 책임감을 갖고 법을 준수하기를 바랄 권리가 있습니다. 한편 흑인들은 법이 공정하고 헌법이 인종을 차별하지 않기를 바랄 권리가 있습니다. 할랜 판사가 세기의 전환기에 언급했듯이 말입니다.

이것이 바로 우리가 논의하고 있는 문제이고, 우리나라가 안고 있는 문제이며 우리나라가 상징하는 바와 관련한 문제입니다. 이 문제를 해결할 수 있도록 시민 여러분 모두의 지지를 부탁드립니다. 대단히 감사합니다.

음원으로 듣기

청중의 관심을 사로잡다

로마의 수사학 거장이자 라틴 웅변의 표준을 세운 키케로Cicero에 의하면,
서론의 역할은 청중의 관심을 끄는 일이며, 관심을 끌려면 다음 세 가지
중 하나를 제시해야 한다고 합니다. 중요한 일, 필요한 일, 청중과 직접
관련된 일. 케네디는 이 과제를 어떻게 수행했을까요?

> *This afternoon*, following a series of threats and
> defiant statements, the presence of Alabama National
> Guardsmen was required on the University of Alabama
> to carry out the final and unequivocal order of the
> United States District Court of the Northern District of
> Alabama.
>
> 온갖 위협과 반대 성명이 잇따른 가운데, 앨라배마 북부 지방 법원의 최종
> 확정 명령을 집행하기 위해 **오늘 오후** 앨라배마주 방위군이 앨라배마
> 대학교 내로 진입해야 했습니다.

저녁 뉴스의 첫 소식은 대개 속보입니다. 아직 신문에 실리지 않은, 대중
에게 새로운 정보입니다. 시청자들이 앵커의 첫 멘트에 귀를 기울이는

이유입니다. 케네디는 마치 뉴스 앵커처럼 등장해 '오늘 오후'라는 말로 연설을 시작합니다. 그가 전할 내용은 사건이 종료된 지 불과 3시간밖에 지나지 않은, 따끈따끈한 속보였습니다. 흑인 학생들의 대학 등록에 주 방위군까지 동원되어야 했던 사건을 대통령이 직접 전한 것입니다. 국민의 관심을 집중시키기에 너무 좋은 소재였지요. 여기에 이 사건을 사례로 제시하여 뒤에 펼칠 자신의 주장을 강화하려는 수사학적 계산예증법도 있었을 겁니다.

연설 초반, 케네디는 국민에게 잠시 멈춰 자신의 양심conscience을 돌아보라고 말합니다. 흑인에게 불평등한 대우를 하는 백인이 왜 잘못인가. 그들이 자기 양심을 돌아보고 뉘우쳐야 할 이유는 무엇인가. 그 이유를 바로 말해 줍니다.

> I hope that every American, regardless of where he lives, will *stop and examine his conscience* about this and other related incidents. This Nation was founded by men of many nations and backgrounds. *It was founded on the principle that all men are created equal*, and that the rights of every man are diminished when the rights of one man are threatened.
>
> 국민 여러분께서는 어디에 살든 잠시 하던 일을 멈추고 오늘 이 사건과 이와 관련된 다른 사건들을 **자신의 양심에 비춰 보시길 바랍니다.** 이 나라는 여러 국적과 다양한 배경을 가진 사람들이 건국했습니다. **모든 인간은**

평등하게 창조되었으며, 한 사람의 권리가 위협받으면 모든 국민의 권리가 침해받는다는 신념에 그 뿌리를 두고 있습니다.

케네디는 미국의 건국 이념, 곧 '모든 인간은 평등하다'라는 명제를 꺼내 듭니다. 이어서 it ought to be possible...로 시작하는 문장을 네 번 반복 하며, 흑인도 마땅히 동등한 권리를 누려야 한다고 강조합니다.

> - 다양한 배경의 사람들이 모여 '모든 인간은 평등하다'라는 신념으로 미국을 세웠다.
> - 우리는 지금 그 신념에 따라 자유를 위한 싸움을 이어가고 있다.
> - 흑인도 시민의 책임을 다하며 살아가고 있다.
> - 따라서, 흑인도 동등한 시민의 권리를 누려야 한다.

그렇다면 흑인들은 동등한 시민의 권리를 실제로 누리고 있을까요? 케 네디는 구체적인 통계로 현실을 드러냅니다.

But this is not the case. The Negro baby born in America today, regardless of the section of the Nation in which he is born, has about one-half as much chance of completing a high school as a white baby born in the same place on the same day, one-third as much chance of completing college, one-third as much chance of becoming a professional man, twice as much chance of becoming unemployed, about one-seventh as much chance of earning $10,000 a year, a life expectancy which is 7 years shorter, and the prospects of earning only half as much.

하지만 현실은 그렇지 못합니다. 출생 지역과 상관없이 오늘날 미국에서 태어나는 흑인 아기는 같은 날, 같은 지역에서 태어나는 백인 아기에 비해 고등학교를 졸업할 확률이 절반밖에 되지 않고, 대학교를 졸업할 확률은 3분의 1, 전문직에 종사할 확률도 3분의 1, 실직할 확률은 2배, 연간 1만 달러를 벌 확률은 7분의 1이며, 기대 수명은 7년이 짧고, 예상 수입은 절반에 불과합니다.

통계는 청중을 지루하게 만들 수 있습니다. 그러나 주장의 객관성을 확보하는 데 효과적입니다. 케네디는 접속사 But으로 주의를 환기하고, 곧바로 구체적인 수치로 흑인들이 겪는 현실적 불평등을 보여줍니다. 케네디가 제시한 통계를 보면, 흑인들은 삶의 주요 갈림길마다 백인보다 불리한 조건에 놓여 있음을 알 수 있습니다. 이는 곧 흑인들이 독립선언서에 명시된 삶과 자유, 행복 추구의 권리를 온전히 누리지 못하고 있다는 사실을 말해 줍니다.

그날은 정말로 평화로웠을까?

연설문 초반에 이런 문장이 있습니다.

That they were admitted *peacefully* on the campus is due

in good measure to the conduct of the students of the
University of Alabama, who met their responsibilities in
a constructive way.

그들이 **평화롭게** 교정으로 들어갈 수 있었던 것은 건설적인 방식으로
자신들의 책임을 다한 앨라배마 대학교 학생들의 행동 덕분입니다.

겉으로 보면 흑인 학생들이 아무 문제 없이 입학 등록을 마친 것 같습니다. 그러나 실제로는 두 명의 학생이 대학에 등록하는 과정에서 주 방위군까지 투입되고 대통령의 행정명령까지 발동되는 등 적지 않은 긴장이 있었습니다. 이런 상황을 두고 '평화롭게peacefully'라고 표현한 이유는 무엇일까요? 케네디가 상황을 잘못 보고받았을 리는 없습니다. 당시, 누구보다 상황을 정확히 파악하며 직접 진두지휘한 인물이었기 때문입니다. 답은 1년 전 1962년 9월, 미시시피 대학교 입학 사건에서 찾을 수 있습니다.

1961년 5월, 공군 참전용사 제임스 메러디스James Meredith는 미시시피 대학교를 상대로 소송을 제기합니다. 흑인이라는 이유로 대학이 자신의 입학을 거부했다고 주장한 것입니다. 그는 1심에서 패소하지만 항소심에서 승소합니다. 그리고 1962년 9월, 마침내 대학교 정문에 들어섭니다.

그러나 미시시피 주지사는 메러디스의 입학을 막아섰고, 이에 케네디 대통령은 행정명령으로 응수했습니다. 문제는 백인 학생들이었습니다. 흑인 학생의 입학을 반대하던 수천 명의 백인 학생이 순식간에 폭도로 돌변해, 메러디스와 그를 보호하던 연방 요원에게 돌을 던지고 건

앨라배마 대학교의 인종 통합
(integration: 인종 차별 철폐)을 저지하기
위해 정문을 막고 선 조지 월리스 주지사.
그 앞에 미연방 법무부 차관
니컬러스 캐천바크가 맞서 서 있다.

미시시피 대학교 수업에 들어가기 위해
이동 중인 제임스 메러디스. 양옆에는
미연방 보안관 제임스 맥셰인(좌)과
법무부 소속 존 도어(우)가 동행하고 있다.

1962년 폭동 직후, 철모를 쓴
미연방 소속의 육군들이 트럭을 타고
미시시피 대학 캠퍼스를 가로지르고 있다.

물에 불을 지르며 격렬히 저항했습니다. 그 과정에서 민간인 2명이 숨지고, 연방 요원 28명이 총상을 입고 병원으로 옮겨졌습니다. 법무부 차관 니컬러스 캐천바크는 결국 연방군 투입을 요청했고, 1만 명이 넘는 병력이 캠퍼스에 들어와서야 폭동이 진압됐습니다.

이런 미시시피 대학교 사건에 비하면, 앨라배마 대학교의 경우는 분명 달랐습니다. 비록 주 방위군과 행정명령이 동원되었지만 사상자가 없었고 폭력 사태도 발생하지 않았습니다. 이런 맥락에서 케네디가 '평화롭게'라는 표현을 선택한 것이고, 이 또한 정치적·수사학적 전략으로 볼 수 있습니다. 전년도 미시시피 사태와 대비해 이번 상황을 상대적으로 안정적인 사건으로 규정함으로써 연방 정부의 개입이 효과적이었다는 점을 부각했습니다. 국민에게 '우리가 진전을 이루고 있다'라는 인식을 심어 주는 역할을 했습니다.

또한 이 '평화롭게'라는 단어는 당시 남부 백인 사회에 대한 정치적 완충 장치로 작용했습니다. 케네디는 공개 연설에서 남부 주민 전체를 비난하는 대신, 앨라배마 대학생들의 '건설적인constructive' 태도를 칭찬했습니다. 그리고 '평화롭게'라는 표현은 전 국민이 앞으로의 변화를 받아들이도록 유도하는, 일종의 부드러운 인사말과 같은 기능을 했습니다.

문제의 원인을 정의하다

We are confronted primarily with a moral issue. It is as old as the scriptures and is as clear as the American Constitution. The heart of the question is whether all Americans are to be afforded equal rights and equal opportunities, whether we are going to treat our fellow Americans as we want to be treated.

우리가 직면한 가장 큰 문제는 도덕성의 문제입니다. 이 문제는 성경만큼

오래되었고 미국 헌법만큼이나 명백합니다. 질문의 핵심은 모든 미국인이 동등한 권리와 동등한 기회를 누릴 수 있는가, 그리고 **우리가 스스로 대접받기를 원하는 대로 다른 미국인들을 대접할 것인가 하는 점입니다.**

병도 원인을 알아야 치료할 수 있습니다. 흑인 불평등 문제의 원인은 무엇일까요? 케네디는 문제를 밝힌 뒤 바로 원인으로 향합니다. 그가 지목한 원인은 두 가지. 바로 '법'과 '도덕성'입니다. 이 중 '도덕성'을 본질적인 원인으로 규정합니다.

'도덕성moral'이라는 단어는 케네디 연설의 핵심이기도 합니다. 초반에 '양심'이라는 말을 넣은 것도 이 주제를 꺼내기 위한 복선이었죠. 주장을 했다면 근거가 필요합니다. 도덕성이 문제라고 주장하는 근거가 무엇일까요? 종교, 바로 성경입니다.

인간의 행동은 종교나 신념에 뿌리를 둡니다. 십자군 전쟁, 유대인 학살, 이슬람 테러, 최근의 이스라엘-하마스 전쟁까지, 비극의 이면에는 종교적 확신이 있습니다. 그만큼 종교는 매우 강력한 근거가 됩니다. 미국은 기독교에 뿌리를 두고 세워졌고, 1960년대에는 미국인의 90%가 기독교도였습니다. 성경은 누구도 반박하기 어려운 권위였고, 케네디도 이를 잘 알고 있었습니다.

성경 속 마태복음에는 이런 구절이 있습니다. "그러므로 무엇이든지 남에게 대접을 받고자 하는 대로 너희도 남을 대접하라." 황금률 Golden Rule로 알려진 이 구절은 기독교 윤리의 핵심입니다. 케네디는 이 황금률을 인용해 묻습니다. "여러분은 도덕적으로 살고 있습니까?"

우리는 누군가의 말과 행동이 어긋날 때, 도덕적 책임을 묻습니다. 입으로는 정의를 말하면서 실제로는 불의를 행하는 이들에게 분노하고, 말과 행동의 일관성을 요구합니다. 케네디는 도덕적 감수성을 청중에게 상기시키며 스스로를 돌아보게 만든 것이죠.

> One hundred years of delay have passed since President
> Lincoln freed the slaves, yet their heirs, their grandsons,
> are not fully free. (...) *We preach freedom around the world,*
> and we mean it, and we cherish our freedom here at
> home,
>
> 링컨 대통령이 노예를 해방한 지 백 년이 지났지만, 그 후손들, 손자들은
> 온전한 자유를 누리지 못하고 있습니다. (…) **우리는 전 세계에 자유를**
> **전합니다.** 진심으로 전합니다. 또한 우리는 이 땅에서 누리는 자유를
> 소중하게 여깁니다.

자유와 평등. 미국 건국 이념의 핵심입니다. 케네디는 이 부분에서 '자유 freedom'라는 단어를 여섯 번 반복하며 미국의 도덕적 모순을 드러냅니다.

- 100년 전, 링컨 대통령은 흑인 노예를 해방했다.
- 그런데 그들의 후손들조차 완전한 자유를 누리지 못하고 있다.
- 그런 미국이 세계에 자유를 전하고 있다.

또한 케네디는 접속사 남용이라고 불리는 수사학 기법폴리신데톤, Polysyndeton을 사용합니다. 이는 접속사 and를 의도적으로 반복하여 리듬감을 부여

하고 자신의 주장을 강하게 각인시키는 방식입니다. 일반적으로 생략하는 접속사를 케네디는 자신의 메시지를 더욱 힘 있게 전달하는 수단으로 활용합니다.

의회가 행동할 것을 촉구하다

Now the time has come for this Nation to fulfill its promise.
이제 이 나라가 약속을 지켜야 할 **때가 왔습니다.**

연설의 초반 3분의 1은 미국의 모순을 밝히는 데 할애했습니다. 이 지점부터는 미국의 변화와 행동을 요구합니다. 100년 전 흑인에게 약속한 자유를 이제 실현해야 한다는 선언입니다. 그것이 옳으며, 그래야 진정한 자유와 평등이 숨 쉬는 나라가 될 수 있다고 말합니다. 문제를 인식했다면 이제 바로잡아야 합니다.

It cannot be met by repressive police action. *It cannot be* left to increased demonstrations in the streets. *It cannot be* quieted by token moves or talk. It is time to act in the Congress, in your State and local legislative body and, above all, in all of our daily lives.
이 위기는 경찰의 강압적인 진압으로 **해결할 수 없습니다.** 이 위기는 점점 커가는 가두 시위로 **해결할 수 없습니다.** 형식적인 조치나 대화로 **잠재울**

수 없습니다. 이제 의회가, 각 주와 지역 입법 기관이 움직여야 할 때입니다. 그리고 무엇보다도, 우리 모두가 일상에서 행동해야 할 때입니다.

케네디는 연설을 통해 민권법 개정에 대한 국민의 지지를 얻어야 했습니다. 남부 백인들의 거센 반대가 예상되었기 때문에 법 개정이 왜 필요한지 분명히 설명할 필요가 있었습니다. 케네디는 It cannot be...를 세 번 반복하며 경찰의 강압적 진압과 가두 시위, 형식적인 조치들로는 문제를 해결할 수 없다는 것을 강조합니다. 문제 해결의 열쇠는 의회에 있음을 분명히 하면서 법 개정 요구에 시동을 겁니다.

> Those who do nothing are inviting shame as well as violence. Those who act boldly are recognizing right as well as reality.
>
> 행동하지 않는 것은 폭력과 수치심을 받아들이는 것이며, 분연히 행동하는 것은 현실과 권리를 인식하는 것입니다.

통계와 여러 사례를 통해서 민권 문제를 설명한 케네디는 이제 대구법을 사용해 다음과 같은 명제를 세웁니다.

침묵 = 잘못된 일
행동 = 옳은 일

변화를 위해 행동하는 것이 옳다는 명제를 세웠으니, 이제 그 명제를 바탕으로 주장을 펼칠 수 있습니다. "나는 행동합니다. 나는 옳은 일을 합니다." 이어서 케네디는 숨겨둔 카드를 꺼내 듭니다.

> But there are other necessary measures which only the Congress can provide, and they must be provided at this session. (…) Unless the Congress acts, their only remedy is in the street.
> 하지만 오직 의회만이 취할 수 있는 다른 필수적인 조치들이 있으며, 이 조치들은 반드시 이번 회기에 마련되어야 합니다. (…) 의회가 행동하지 않는다면 흑인 시민들이 선택할 수 있는 해결 방안은 거리의 시위뿐입니다.

수사학의 뼈대를 세운 아리스토텔레스는 윤리에 호소하는 것이 가장 강력한 설득이라고 말했습니다. 그리고 가장 효과적인 주장은 연설자가 결론을 말하기 전에 청중이 먼저 결론을 내리게 유도하는 것이라 하였습니다. 결론에 다다르는 지점을 기대하면서 스스로 즐거움을 느끼기 때문이죠. 아리스토텔레스의 조언을 따르기라도 한 듯, 케네디는 도덕성과 양심을 강조하고 '행동은 옳다'는 명제를 설정했습니다. 행정부와 사법부는 이미 뜻을 같이하며 행동하고 있습니다. 그렇다면 남은 것은 입법부입니다. 전 국민 앞에서 의회가 행동하지 않으면 자유와 평등은 실현되지 않을 것이고 가두 시위는 계속될 것이라고 압박합니다.

한편 이제까지 거의 등장하지 않던 '저는'를 반복하며, 결단력 있는 대통령의 이미지를 부각합니다.

I shall ask the Congress (...) *I* am, therefore, asking the Congress (...) *I* have recently met with scores of business leaders ...

저는 의회에 요청할 것입니다 (…) 따라서 **저는** 의회에 요청하는 바입니다 (…) **저는** 최근 수십 명의 기업 경영자들을 만나 …

역사학자 칼 브라우어Carl M. Brauer는 케네디의 이 연설을 '결단력 있는 대통령으로 보이고자 한 의지의 표현'으로 해석합니다. 미국 내 흑인 민권 문제가 국제적 비판으로 번지고 자신의 리더십이 추락할 것을 우려했다는 것이죠. 케네디는 이 시점까지 거의 쓰지 않았던 일인칭 주어 I를 연속적으로 사용합니다. 이는 '행동하는 것이 옳다'는 전제에 따라 행동을 취하는 동사 앞에 I를 반복해서 배치함으로써 자신이 행동하는 대통령임을 드러내는 전략적 선택입니다.

I am also asking the Congress to authorize the Federal Government to participate *more fully* in lawsuits designed to end segregation in public education.

아울러 저는 연방 정부가 공교육 인종 분리 철폐 소송에 더 적극 참여할 수 있는 권한을 의회에 요청합니다.

미국은 50개 주가 자율권을 가진 연방국입니다. 주마다 정치 성향도, 법도 다릅니다. 연방 정부가 각 주의 권한을 함부로 침해할 수 없도록 헌법이 막고 있기 때문입니다. 그런데 케네디는 주 관할인 공교육 문제에 연방 정부의 더 적극적인more fully 개입을 요구하고 있습니다. 대담한 제안인 만큼, 반드시 납득할 만한 근거를 제시해야 합니다.

의회를 정조준하는 이유

연설의 본질은 청중의 생각을 바꾸어 연설자가 원하는 행동으로 청중을 이끄는 데 있습니다. 케네디 연설의 핵심은 행동을 촉구하는 부분에 있습니다. 흥미로운 점은, 케네디가 행동을 요구하는 대목에서 '의회Congress, legislative body'라는 단어를 여덟 번이나 언급한다는 사실입니다. 케네디는 의회가 행동하도록 강한 압박을 가하고 있었던 것입니다. 그렇다면 케네디는 왜 의회를 이렇게 집중적으로 겨냥했을까요?

그 이유를 이해하려면 미국의 권력 구조를 살펴볼 필요가 있습니다. 미국 건국의 아버지들은 국민이 권력자의 자의적인 지배를 받지 않고 자유와 평등을 누릴 수 있도록 제도적 장치를 마련했습니다. 그 핵심이 바로 삼권분립입니다.

미국은 삼권분립이 잘 실현된 나라입니다. 미국에서 삼권이란 법을 제정하는 입법권, 법을 집행·관리하는 행정권, 법을 해석·판결하는 사법권을 뜻합니다. 삼권분립은 이 권력을 분리해 서로 견제하게 함으로써 균형을 유지하려는 원리입니다.

의회가 법을 제정하면 사법부의 합헌성 판단과 행정부의 승인을 거쳐야 법으로서 효력을 발휘합니다. 케네디가 추진하려는 것은 흑인의 인권을 보장하기 위한 민권법 개정이었습니다. 이 과정에서 그가 대통령

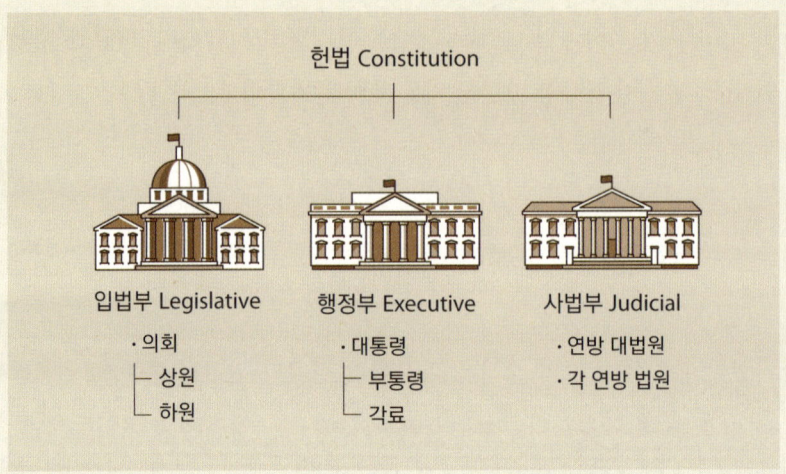

헌법 Constitution

입법부 Legislative	행정부 Executive	사법부 Judicial
·의회	·대통령	·연방 대법원
└ 상원	└ 부통령	·각 연방 법원
└ 하원	└ 각료	

으로서 가장 걱정되는 곳이 어디였을까요? 사법부의 수장인 대법관은 대통령이 임명할 수 있고, 행정부의 수장은 대통령 자신입니다. 그렇다면 남은 곳은 의회입니다. 특히 야당의 반대가 거센 의회는 법 개정의 최대 걸림돌이 될 수 있었습니다.

전략가 케네디는 이를 잘 알고 있었습니다. 그래서 그는 대국민 연설에서 의회를 반복적으로 언급하며, 국민의 여론을 의회로 향하게 했습니다. 다시 말해, 그는 여론을 무기로 의회를 정치적으로 압박했던 것입니다.

감성에 호소하다

Today a Negro is attending a State-supported institution in every one of our 50 States, but *the pace is very slow.*

현재 우리나라 50개 모든 주에서 주 정부 지원 기관에 흑인 학생이 다니고 있지만, **변화의 속도는 너무 느립니다.**

연방 정부에 권한을 요구하는 근거로, 케네디는 변화의 속도를 언급합니다. 도덕적 옳고 그름은 비교적 객관적으로 판단할 수 있습니다. 이미 일어난 사건들을 모두가 동의하는 기준, 즉 법과 황금률로 판단하면 됩니다. 그러나 변화의 속도에 관한 판단은 주관적일 수밖에 없습니다. 피해자는 변화가 느리다고 하고, 가해자는 변화가 빠르다고 합니다. '느리다'는 말만으로는 설득이 어렵습니다. 청중이 느리다고 느끼게 만들어야 합니다. 이럴 때는 이성보다 감성에 호소하는 것이 더 설득력 있습니다. 감성에 호소하려면 연설자는 청자가 눈앞에 그 장면을 직접 보는 것처럼 생생하게 묘사해야 합니다. 케네디는 이렇게 말합니다.

> Too many Negro children entering segregated grade schools at the time of the Supreme Court's decision 9 years ago will enter segregated high schools this fall, having suffered a loss which can never be restored. The lack of an adequate education denies the Negro a chance to get a decent job.
>
> 9년 전 대법원 판결 당시, 인종 분리 초등학교에 입학한 수많은 흑인 어린이들은 이번 가을에는 인종 분리 고등학교에 입학하게 됩니다. 절대 아물지 않을 상처를 입은 채로 말입니다. 제대로 된 교육을 받지 못한 흑인들은 번듯한 직장을 얻을 기회조차 없습니다.

케네디는 인종 분리 초등학교에 다니던 아이가 고등학생이 된 지금도 여전히 인종 분리와 차별을 겪고 있는데, 그 상처를 누가 치유할 수 있겠냐고 묻습니다. 변화의 속도를 통계나 수치가 아니라 피해자의 시간과 누적된 상처로 보여 주며 감성에 호소합니다. 긴 시간 동안 의회에 법 개정을 요구했으니, 이제 국민에게 행동 변화를 촉구할 차례입니다. I repeat 라는 짧은 구절이 청중의 기억을 깨우고, 자신의 주장을 각인시키는 역할을 합니다.

> But legislation, *I repeat,* cannot solve this problem alone. It must be solved in the homes of every American in every community across our country.
>
> 하지만 법률 제정만으로 이 문제를 해결할 수 없다는 것을 **다시 한번 말씀드립니다.** 이 문제는 전국 모든 지역 사회의 모든 미국인 가정에서 해결되어야 합니다.

9년 전 대법원이 내린 판결은?

인종 차별 폐지의 제도적 흐름 속에서도 현실의 불평등이 여전하다는 사실을 드러내는 대목이 있습니다.

앞서 케네디가 '9년 전'이라는 구체적 시점을 언급한 것은 당시 미국 사회를 뒤흔든 중요한 판결을 환기하기 위해서입니다. 연설이 1963년에 이루어졌으니, 9년 전이면 1954년입니다. 케네디가 언급한

제도적 인종 차별의 시대,
미국 남부 지역의 인종 분리 식수대

1954년 판결을 알려면 역사의 시계를 19세기 말까지 되돌려야 합니다.

1896년 5월, 남부의 백인 사회는 연방 대법원의 한 판결에 환호합니다. 루이지애나주의 인종 분리법, 즉 기차에서 백인과 흑인을 분리하는 법률에 대해 대법원이 백인과 흑인에게 제공하는 시설이 평등하다면 분리해도 괜찮다separate but equal는 최종 판결을 내린 것입니다. 이후 식당, 호텔, 주유소, 화장실, 학교 등 거의 모든 공공시설에 '백인 전용' 표지가 붙게 됩니다.

나비효과를 아시나요? 나비의 날갯짓과 같은 아주 사소한 사건이 토네이도를 발생시키는 것과 같이, 작은 사건이 엄청난 결과를 낳는 현상을 말합니다. 반세기 뒤인 1951년, 캔자스주 토피카Topeka에서 흑인 용접공 올리버 브라운Oliver Brown은 8살 딸이 집 근처에 있는 백인 학교 대신 먼 거리에 있는 흑인 학교로 통학해야 하는 현실에 분노합니다. 그는 교육위원회를 상대로 소송을 제기하지만, 캔자스 지방법원은 두 학교가 '평등한 시설'을 갖추고 있으니 분리해도 문제가 없다는 판결을 내립니다.

그러나 자녀를 둔 부모는 강합니다. 브라운은 지방법원의 판결에 굴하지 않고 연방 대법원에 상고합니다. 마침 버지니아, 델라웨어, 워싱턴 D.C., 남부 캘리포니아에서도 그와 같은 처지에 놓인 흑인 학부모들이 교육위원회를 상대로 소송을 제기하며 브라운의 싸움에 힘을 보탭니다.

이제, 미국 흑인 역사에 큰 획을 긋게 될 판결이 내려집니다. 1953년 봄, 대법원은 첫 심리를 열었지만 결론을 내리지 못했고, 그해 가을 두 번째 심리가 열립니다. 그리고 1954년 최종 판결이 내려집니다. 대법원은 9:0 만장일치로 공립 학교의 인종 분리는 헌법에 위배된다고 판시하며, 1896년의 판례를 뒤집습니다. 케네디는 바로 이 대법원 판결을 인용하며 9년 전에 명쾌한 판결이 났음에도 여전히 인종 차별이 지속되고 있다는 메시지를 전한 것입니다.

반복으로 마무리하다

연설 시간이 길어질수록 논지는 흐려지기 쉽습니다. 그래서 연설자는 청중에게 꼭 전하고 싶은 핵심 메시지를 연설이 끝나기 전에 다시 꺼냅니다. 케네디 또한 연설에서 반복하고 강조한 단어나 그와 동일한 의미로 사용된 단어를 총동원합니다.

> **My fellow Americans, this is a problem which faces us all—*in every city of the North as well as the South.***
> 친애하는 국민 여러분, 이것은 **남부만이 아니라 북부의 모든 도시에서 우리 모두가 직면하고 있는 문제입니다.**

연설 내내 흑인 불평등이 미국 전체in every city의 문제임을 나타내는 discrimination exist in every city, discord are burning in every city, North and South 등의 표현이 반복됩니다. 또한, 이 문제가 해결되지 않는 한 흑인들이 거리로 나가 시위할 수밖에 없다는 점도 잊지 않습니다. '거리'를 뜻하는 streets는 총 일곱 번 반복되며, 연설을 마무리하는 시점에서도 다시 한번 언급됩니다.

> ... that the only way that they are going to get their rights is to go into the *streets* and demonstrate.
>
> 그들이 권리를 쟁취하는 유일한 방법은 **거리로** 나가 시위하는 것뿐…

결론적으로 이 연설의 핵심은 문제 해결에 전 국민의 참여가 필요하다는 것, 황금률에 근거하여 민권 문제는 도덕성의 문제라는 점을 강조하면서 국민의 공감과 참여를 호소합니다.

> Therefore, *I am asking for your help* in making it easier for us to move ahead and to provide the kind of equality of treatment which we would want ourselves; to give a chance for every child to be educated to the limit of his talents.
>
> 따라서 저는 우리가 더욱 수월하게 앞으로 나아갈 수 있도록, 그리고 우리 스스로가 원하는 동등한 대우를 모두가 받을 수 있도록, 모든 어린이가 교육받을 기회를 얻어 자신의 재능을 충분히 발휘할 수 있도록 **국민 여러분께 도움을 청합니다.**

streets를 반복하는 이유

감옥에 갇힌 마틴 루서 킹 목사의 아내에게 전화를 걸어 흑인 인권 운동을 공개적으로 지지한 케네디는 흑인 유권자의 압도적 지지를 얻어 근소한 차이로 닉슨을 꺾고 미국 대통령이 됩니다. 그러나 집권 후 그의 앞에는 국가 안팎으로 복잡한 과제가 놓여 있었습니다. 대외적으로는 공산주의 확산을 저지해야 했고, 대내적으로는 경기 부양을 추진해야 했습니다. 특히 세금 감면과 건설 경기 촉진을 위해서는 의회의 협조가 필수였습니다. 이런 상황에서 남부의 지지를 잃을 가능성이 큰 민권법 개정 추진을 망설일 수밖에 없었죠.

이때 한 장의 사진이 케네디를 움직입니다. 앨라배마의 거리에서 자유를 외치는 흑인 소년이 자신보다 덩치가 큰 경찰견에게 무기력하게 물어뜯기는 장면을 포착한 사진이죠. 이 생생한 시위 장면은 해외 언론을 통해 전 세계에 퍼집니다. 당시 미국은 자유와 평등의 수호자 역할을 자처하며 쿠바, 베트남, 서독 등에 군을 파견해 공산주의의 확산을 억제하는 데 총력을 기울이고 있었습니다. 그러나 이 사진 한 장으로 미국의 자기모순이 세상에 폭로되면서 미국의 체면이 크게 구겨졌습니다.

특히 1960년대는 2차 세계 대전 이후 가나를 포함한 여러 아프리카 국가들이 유럽 열강으로부터 독립하면서, 아프리카라는 거대한 대륙이 아시아의 뒤를 이은 냉전의 새로운 격전지로 급부상하던 때입니다. 케네디 행정부는 소련과의 경쟁에서 우위를 점하기 위해 아프리카 외교에 공을 들이고 있었죠. 그런데 미국 내 인종 불평등 문제가 외교 전략에 큰 제약으로 작용한 것입니다.

케네디가 선택한 해법은 명확했습니다. 우선 미국의 이미지를 회복하고, 차별로 인한 갈등이 다시 국제적으로 노출되는 일을 막아야 했습니다. 전 세계를 향해 미국은 자유와 평등의 나라임을 다시 한번 천명해야 했습니다. 이를 위해 케네디는 민권법 개정을 통해 불평등을 법적으로 시정하고, 흑인들이 거리streets가 아닌 법정courts에서 권리를 찾도록 하겠다고 천명합니다.

> **But many are unwilling to act alone, and for this reason, nationwide legislation is needed if we are *to move this problem from the streets to the courts.***
>
> 그러나 많은 이들이 홀로 행동하는 것은 주저하고 있습니다. 이런 이유로, 국가 차원의 법률을 제정하여 **이 문제를 거리가 아닌 법정에서 해결할 수 있도록** 해야 합니다.

streets라는 단어는 상징적입니다. 케네디는 이 단어를 반복하며 거리의 불평등과 갈등을 제도와 법의 영역으로 옮기겠다는 의지를 국민들에게 각인시키려 했습니다. 그러나 케네디가 우려한 정치적 대가는 현실이 됩니다. 연설 방송 이후 여론조사에서 남부 백인들의 케네디 지지율은 62%에서 44%로 급락합니다.

헌법은 피부색에 차이를 두지 않는다

We have a right to expect that the Negro community will be responsible, will uphold the law, but they have a right to expect that the law will be fair, that the Constitution will be color blind, as *Justice Harlan* said at the turn of the century.

우리는 흑인 공동체가 책임감을 갖고 법을 준수하기를 바랄 권리가 있습니다. 한편 흑인들은 법이 공정하고 헌법이 인종을 차별하지 않기를 바랄 권리가 있습니다. **할랜 판사**가 세기의 전환기에 언급했듯이 말입니다.

연설의 끝에 케네디는 법 앞에서의 평등을 역설하며 할랜 판사Justice Harlan를 언급합니다. 할랜 판사는 어떤 인물일까요?

1892년 6월 7일, 한 백인 남성이 루이지애나주 뉴올리언스 기차역에서 일등석 기차표를 구매합니다. 긴장돼 보이는 이 남자는 표를 들고 백인 전용칸에 올라 자리에 앉습니다. 얼마 뒤 역무원이 모습을 드러냅니다. 그러자 이 남성은 역무원에게 자기 몸에 흑인의 피가 흐르고 있다고 고백합니다. 자기 피부는 하얗지만 먼 조상 중 한 분이 흑인이라는 거지요. 역무원은 그를 흑인 전용칸으로 이동하라고 하지만 남성은 거부합니다. 결국 그는 열차 보안관에게 체포되어 루이지애나 주법원 1심에서 인종 분리를 규정한 열차법을 위반한 죄로 25달러 벌금형을 선고받습니다. 그의 이름은 호머 플레시Homer Plessy, 서른 살의 구두 수선공이자 시민운동가입니다.

호머의 항소에도 불구하고 루이지애나 대법원은 같은 판결을 내립니다. 이에 호머와 그의 변호인단은 이 사건을 연방 대법원에 상고합니다. 이제 한 개인의 운명을 넘어, 미국이 표방하는 자유와 평등의 원칙이 심판대에 오르게 됩니다.

쟁점은 분명했습니다. 백인과 흑인을 분리하는 루이지애나주 법이 인종 차별을 금지하는 수정헌법 제13조와 제14조에 위배되는가였습니다. 연방 대법원 대법관 여덟 명의 결정에 흑인의 미래가 달려 있었습니다. 판결 결과는 7대 1. 대법원은 백인과 흑인에게 제공하는 시설이 평등하다면 분리해도 괜찮다는 논리로 인종 분리를 합헌이라고 판결했습니다.

이 판결은 제도적 인종 차별을 정당화하는 근거가 되었고, 미국 사회에 깊은 상처를 남겼습니다. 그러나 우리가 주목해야 할 인물은 인종 분리를 합헌으로 이끈 일곱 명이 아닌 그 반대에 선 유일한 한 명입니다. 그가 존 마셜 할랜John Marshall Harlan 판사입니다. 그는 인종 분리가 헌법에 어긋난다며 다음과 같은 말을 남깁니다.

But in view of the Constitution, in the eye of the law, there is in this country no superior, dominant, ruling class of citizens. There is no caste here. *Our Constitution is color-blind*, and neither knows nor tolerates classes among citizens. In respect of civil rights, all citizens are equal before the law. The humblest is the peer of the most powerful.

그러나 헌법과 법의 관점에서 이 나라에서 더 우월한 지배 계급은 존재하지 않는다. 여기에 계급 제도도 존재하지 않는다. **우리의 헌법은 피부색에 차이를 두지 않으며,** 시민 사이의 계급을 의식하지도, 용납하지도 않는다. 민권에 관한 한, 모든 시민은 법 앞에서 평등하다. 신분이 가장 미천한 사람과 가장 유력한 사람은 동등한 위치에 있다.

케네디는 이 역사적 발언을 소환해, 민권 문제를 단순한 정책이 아니라 헌법적 원칙과 도덕적 의무의 문제로 제시한 것입니다.

케네디의 연설은 마틴 루서 킹 지지 연설일까?

"안녕하세요. 케네디 의원입니다." 미국 대통령 선거를 열흘 앞둔 1960년 10월 어느 날 아침, 대선 후보였던 케네디가 진지한 표정으로 전화를 겁니다. 수화기 너머에는 임신 6개월 된 흑인 여성이 있었습니다. "남편분 일로 많이 힘드실 줄 압니다. 저는 여사님과 남편분에 관해 늘 생각하고 있습니다. 제가 도울 수 있는 일이 있다면 언제든 말씀해 주십시오." 90초 남짓한 이 짧은 통화는 케네디와 미국의 운명을 바꿉니다. 전화를 받은 여성은 흑인 인권 운동의 상징, 마틴 루서 킹 목사의 아내였기 때문입니다. 킹 목사는 당시 연좌 농성으로 수감 중이었습니다. 케네디는 이 통화를 계기로 흑인 사회의 신뢰를 얻었고 흑인 유권자의 약 70% 지지를 받아 백악관에 입성합니다. 이때부터 케네디와 킹의 인연이 시작됩니다.

그로부터 3년 뒤인 1963년 4월, 킹 목사는 다시 수감됩니다. 이번에는 남부에서도 인종 차별이 가장 심했던 버밍햄에서 대규모 평화 시위를 주도하다 체포된 것이었습니다. 감옥에 있던 킹 목사는 신문 한쪽에 실린 독자 투고를 우연히 읽게 됩니다. 한 백인 성직자가 버밍햄 시위를 어리석고 시기적으로 부적절하다고 비난한 글이었습니다.

킹 목사는 곧바로 종이와 펜을 구해 직접 답장을 씁니다. 이것이 바로 「버밍햄 옥중 서신」입니다. 탄탄한 논리와 유려한 문체의 이 편지는 처음에는 일부 문장만 신문에 실렸지만, 며칠 뒤 뉴욕 포스트 선데이를 통해 더 많은 내용이 공개되었고, 1963년 5월에는 전문이 세상에 공개되었습니다.

국민 앞에서 민권을 논하는 케네디는 대중의 관심을 끌던 킹 목사의 서신을 의식할 수밖에 없었을 것입니다. 백인 성직자가 시위를 남부의 지역 문제로 한정하자, 킹 목사는 "우리는 모두 운명이라는 하나의 옷을 입고 있다."며 인권 문제를 국가 전체의 문제로 규정합니다. 케네디 역시 연설에서 "이는 특정 지역의 문제가 아닙니다.This is not a sectional issue."라고 단언하며 같은 관점을 보입니다.

또한 남부 종교 지도자들이 인종 차별 문제를 종교와 무관한 사회 문제로 축소하자, 킹 목사는 서신에서 "많은 교회가 육체와 영혼, 성스러운 것과 세속적인 것을 이상하게 구별 지으며 세상과 완전히 동떨어진 종교에 헌신하고 있다."고 비판하며 인권 문제를 본질적으로 '도덕성의 문제moral issue'로 정의했습니다. 킹 목사는 옥중 서신을 비롯한 자신의 여러 연설과 글에서 도덕성의 문제를 주장합니다. 특히 자신의 저서 『자유를 향한 도약Stride Toward Freedom』에서는 다음과 같은 문장을 남겼죠. "인종적 불의의 문제는 어느 지역만의 문제가 아니라, 국가 전체의 도덕적 문제이다.The problem of racial injustice is not a sectional problem but a moral problem for

워싱턴 D.C. 행진 이후,
케네디 대통령이 마틴 루서 킹을 비롯한
시민권 운동 지도자들과
백악관 집무실에서 만나고 있다.

the nation." 케네디 또한 연설에서 '우리가 직면한 가장 큰 문제는 도덕성의 문제We are confronted primarily with a moral issue.'라고 강조했습니다.

이 두 기록을 나란히 읽어 보면 케네디의 연설은 킹 목사의 옥중 서신과 많이 닮았습니다. 마치 케네디가 공식적으로 킹 목사를 지지하는 듯한 인상을 줄 정도입니다. 이 연설이 케네디의 대통령 재선 준비 시기와 맞물리는 걸 보면, 3년 전 케네디의 대통령 당선에 큰 힘이 되어준 흑인 유권자들의 표를 확실히 가져오려는 정치적 계산도 있었을 것입니다.

보통 연설은 본론과 맺음말을 정확히 구분하기 어렵습니다. 이를 정확히 아는 사람은 연설자뿐입니다. 하지만 케네디의 이 연설은 비교적 합리적인 추론이 가능합니다. 저는 My fellow Americans부터가 맺음말의 시작으로 보입니다. 어떻게 아냐고요? 그 근거는 연설 영상 속에 있습니다.

My fellow Americans, this is a problem which faces us all—in every city of the North as well as the South.
친애하는 국민 여러분, 이것은 남부만이 아니라 북부의 모든 도시에서 우리 모두가 직면하고 있는 문제입니다.

이 지점에서 카메라가 서서히 줌 아웃zoom-out하며 연설이 마무리 단계에 접어들었음을 알립니다. 그리고 이 연설문은 생방송 4분 전에 완성되었습니다. 케네디가 미리 읽고 외울 시간은 없었을 것입니다. 실제로 영상에서 그는 연설 내내 2~3초마다 원고를 내려다보지만, My fellow Americans 이후부터는 원고를 보지 않고 카메라를 응시하며 연설합니다. 이는 그가 이 부분을 미리 외웠거나, 즉석에서 구상했음을 시사합니다. 물론 제 개인적인 추측일 뿐이며 최종 판단은 여러분의 몫입니다.

3

마틴 루서 킹의
「저에게는 꿈이 있습니다」 연설

I Have a Dream Speech
by Martin Luther King Jr.

링컨 기념관 계단에서 청중에게 인사하는 킹 목사

"그들에게 꿈이 무엇인지 얘기해 주세요!"
군중 속 여성이 외쳤다.
그리고 마틴 루서 킹이 입을 열었다.
"저에게는 꿈이 있습니다."

&

장소와 시점, 주제와 문장의 완전한 조화

1992년 12월, 미국의 대표적인 연설 자료 사이트인 아메리칸 스피치 뱅크American Speech Bank가 재미있는 투표 하나를 진행합니다. 20세기의 위대한 미국 연설문 100편을 선정하고, 그 순위를 매겨 보기로 한 것이죠. 이 투표에 참여한 137명의 학자들은 후보로 올라온 연설문이 사회와 정치에 미친 영향은 물론 수사학적 예술성을 따져 점수를 매겼습니다. 그 결과가 궁금하시죠? 쟁쟁한 후보 중 대망의 1위를 차지한 연설문은 바로 마틴 루서 킹 목사의 「저에게는 꿈이 있습니다 I Have a Dream」 연설입니다.

1963년 8월 28일 새벽 6시. 워싱턴 D.C. 광역 경찰국 분위기가 심상치 않습니다. "잘 들어라. 이제 몇 시간 뒤면 여기로 흑인들이 개미 떼처럼 모여들 것이다. 진압 장비는 착용하지 않는다. 세 가지만 기억해라. 경계! 안전! 침착!" 지휘관의 예상이 적중했습니다.

오전 9시가 되자 멀리서 희미한 노랫소리가 들리기 시작하더니 곧이어 거대한 무리가 모습을 드러냅니다. "우리는 승리하리. 우리는 승리하리." 아이부터 노인까지 다양한 연령의 흑인들, 그리고 백인들이 형형색색의 피켓을 흔들고 노래를 부르며 걸어옵니다. 끝없이 이어진 행렬은 마치 자석에 이끌린 철 가루처럼 링컨 기념관으로 향합니다.

25만여 명의 사람들이 링컨 동상 앞에 모입니다. 무슨 목적으로 모인 걸까요? 손에 든 피켓을 보니 누구는 평등을 위해, 누구는 일자리를 위해 온 듯합니다. 특별한 목적 없이 웅장한 소리에 이끌려서 온 사람도 있습니다. 약 2년 전부터 이 대규모 행진을 치밀하게 계획한 빅 식스*는 뚜렷한 목표 하나를 갖고 있었습니다. 의회를 압박하여 케네디 대통령이 발의한 흑인 민권 개정안을 빠르게 통과시킬 것! 쉽지 않은 과제인 만큼 치밀한 전략이 필요했고, 케네디 정부가 처한 상황을 잘 이용해야 했습니다.

• Big Six: 킹 목사를 비롯해 제임스 파머(James Farmer), 존 루이스(John Lewis), 필립 랜돌프(Philip Randolph), 로이 윌킨스(Roy Wilkins), 휘트니 영(Whitney Young) 등 여섯 명의 주요 흑인 민권 지도자.

당시 미국은 소련과의 냉전이 최고조에 달한 상태였습니다. 국방, 경제, 과학 등 거의 모든 분야가 민주주의와 공산주의라는 이데올로기의 전쟁터가 되었죠. 때문에 미국이 가장 두려워한 것은 공산주의의 확산이었습니다. '자유'라는 이름을 내건 미국의 쿠바 침공, 베트남 전쟁, 이 모든 것이 공산주의의 확산을 막아 보려는 조치였습니다.

그런데 정작 미국에 '진정한 자유'가 없다는 사실이 세상에 알려지면 어떨까요? 이민자의 나라, 아메리칸드림을 전면에 내건 미국에 진정한 자유와 평등이 없다면? 케네디 정부로서는 끔찍한 시나리오입니다.

바로 이겁니다. 링컨이 노예 해방을 선언한 지 백 년이 된 1963년, 링컨을 기리는 동상 앞에 흑인들이 모여 자유를 외친다! 날짜와 장소가 결정됐습니다. 이제 남은 것은 청중의 마음을 움직이는 연설입니다. 1963년 8월 28일, 약속된 그날. 한 남자가 연단에 모습을 드러냅니다. 검은색 양복에 흰색 셔츠를 차려입은 170센티미터 키의 흑인 남자. 바로 언어의 마술사, 마틴 루서 킹 목사입니다.

I am happy to join with you today | in what will go down in
history | as the greatest demonstration for freedom in the
history of our nation. Five score years ago, | a great American,
in whose symbolic shadow we stand today, | signed the
Emancipation Proclamation*. This momentous* decree* came
as a great beacon light* of hope to millions of Negro slaves |
who had been seared* in the flames of withering* injustice.
It came as a joyous daybreak | to end the long night of their
captivity.

But one hundred years later, | the Negro still is not free.
One hundred years later, | the life of the Negro is still sadly
crippled by the manacles of segregation | and the chains of
discrimination. One hundred years later, | the Negro lives
on a lonely island of poverty | in the midst of a vast ocean of
material prosperity. One hundred years later, | the Negro is
still languished* in the corners of American society | and finds
himself in exile* in his own land. And so we've come here
today | to dramatize* a shameful condition.

Emancipation Proclamation 노예 해방 선언 momentous 중대한 decree 법령, 포고
beacon light (등대처럼) 신호가 되어 주는 빛 sear (강한 불에) 시달리다, 그슬다 withering 기를
죽이는, 위축시키는 languish (강요를 받아 어디에서) 머물다, (오랫동안 불쾌한 일을) 겪다
exile 망명, 추방, 유배 dramatize (실제보다 더) 극적으로 보이게 하다

자유를 위한 가장 위대한 시위로 우리나라 역사에 길이 남을
이 현장에 오늘 여러분과 함께할 수 있어 기쁩니다. 백 년 전,
한 위대한 미국인이 노예 해방 선언에 서명하였고, 오늘 우리는
그분을 기리는 상징적인 자리에 서 있습니다. 이 중대한 선언은
불공평이라는 불길에 시달려 온 수백만 흑인 노예들에게 커다란
희망의 등불이자, 길고 어두웠던 속박의 밤을 끝내는 기쁨의
새벽이었습니다.

하지만 백 년이 지난 지금도 흑인에게는 여전히 자유가 없습니다.
백 년이 지난 지금도 흑인의 삶은 슬프게도 여전히 인종 분리라는
족쇄와 인종 차별이라는 사슬에 묶인 채 절뚝거리고 있습니다.
백 년이 지난 지금도 흑인들은 물질적 풍요라는 광대한 바다
한가운데서 빈곤이라는 외로운 섬에 살고 있습니다. 백 년이 지난
지금도 흑인들은 여전히 미국 사회의 구석에 처박혀 자신의 땅에서
망명자 같은 삶을 살고 있습니다. 그래서 오늘 우리는 이 참담한
상황을 더욱 생생하게 전달하기 위해 여기 모였습니다.

In a sense we've come to our nation's capital to cash a check. When the architects of our republic ı wrote the magnificent words of the Constitution and the Declaration of Independence, ı they were signing a promissory note⋅ ı to which every American was to fall heir. This note was a promise that all men—yes, Black men as well as white men— would be guaranteed the unalienable⋅ rights of life, liberty and the pursuit of happiness.

It is obvious today ı that America has defaulted⋅ on this promissory note ı insofar as⋅ her citizens of color are concerned. Instead of honoring this sacred obligation, ı America has given the Negro people a bad check, ı a check which has come back marked insufficient funds.

But we refuse to believe that the bank of justice is bankrupt. We refuse to believe that there are insufficient funds ı in the great vaults⋅ of opportunity of this nation. And so we've come to cash this check, ı a check that will give us upon demand ı the riches of freedom and the security of justice. We have also come to this hallowed⋅ spot ı to remind America of the fierce urgency of now. This is no time ı to engage in the luxury of cooling off ı or to take the tranquilizing drug⋅ of gradualism⋅.

---

promissory note 약속 어음 unalienable 양도할 수 없는 default 채무를 이행하지 않다
insofar as ~하는 한에 있어서는 vault (은행의) 금고, 지하 납골당, 아치형 천장 hallowed 소중한,
신성시되는 tranquilizing drug 안정제 gradualism 점진주의

어떤 의미에서 우리는 수표를 현금으로 바꾸기 위해 우리나라의
수도에 모였다고도 할 수 있습니다. 우리 건국의 아버지들이 헌법과
미국 독립선언서에 장려한 글귀를 쓸 때, 그들은 모든 미국인이
상속받게 될 약속 어음에 서명한 것입니다. 이 어음은 모든 인간,
백인뿐만 아니라 흑인에게도 그 누구에게도 양도할 수 없는 생명권,
자유권, 행복 추구권을 보장받을 것이라는 약속이었습니다.

오늘날 분명한 것은 이 나라가 유색 인종 시민들에 대해서는 이 약속
어음의 지급 의무를 이행하고 있지 않다는 것입니다. 이 신성한 의무를
이행하는 대신, 미국은 흑인들에게 자금 부족으로 지급이 거절된 부도
수표를 주었습니다.

하지만 우리는 정의의 은행이 파산했다는 말을 믿지 않습니다.
이 나라의 거대한 기회의 금고에 자금이 부족하다는 말은 믿지
않습니다. 그래서 우리는 이 수표를 현금화하기 위해 여기 왔습니다.
이 수표는 요구하는 즉시 우리에게 자유의 풍요로움과 정의의 안전을
가져다줄 것입니다. 우리가 이 신성한 장소에 모인 또 다른 이유는
이 나라에 현재 상황의 시급성을 상기시키기 위해서입니다. 지금은
마음을 다스리는 사치를 부리거나 점진주의라는 안정제*를 복용할 때가
아닙니다.

> • tranquilizing drug: 1950년대부터 1960년대 초까지 수면제와 입덧 완화제로 쓰인 안정제 탈
> 리도마이드를 가리킵니다. 이 안정제는 기형아 출산 등의 부작용으로 1962년 미국에서 사용이
> 금지되었습니다. 킹 목사는 미국 정부와 백인 사회가 계속 기다리라고 하며 흑인들을 병들게 한
> 상황을 탈리도마이드에 비유한 것이죠.

Now is the time | to make real the promises of democracy.
Now is the time | to rise from the dark and desolate valley of
segregation | to the sunlit path of racial justice. Now is the
time | to lift our nation from the quick sands of racial injustice |
to the solid rock of brotherhood. Now is the time | to make
justice a reality for all of God's children.

It would be fatal for the nation | to overlook the urgency of the
moment. This sweltering* summer of the Negro's legitimate
discontent will not pass | until there is an invigorating* autumn
of freedom and equality.

1963 is not an end, but a beginning. Those who hope | that
the Negro needed to blow off steam* and will now be content |
will have a rude awakening* if the nation returns to business as
usual.

There will be neither rest nor tranquility* in America | until
the Negro is granted his citizenship rights. The whirlwinds*
of revolt will continue to shake the foundations of our nation |
until the bright day of justice emerges.

---

sweltering 숨 막히는 invigorating 활기찬, 상쾌한 blow off steam 울분을 터뜨리다
have a rude awakening 불쾌한 일을 깨닫다 tranquility 평온 whirlwind 회오리바람

지금은 민주주의의 약속을 실현할 때입니다. 지금은 음침하고 황량한 인종 분리의 골짜기를 벗어나 햇살이 비추는 인종적 정의의 길로 나아갈 때입니다. 지금은 우리나라를 인종적 불의의 모래 늪에서 형제애라는 단단한 바위 위에 끌어올릴 때입니다. 지금은 하나님의 모든 자녀를 위해 정의를 구현할 때입니다.

이 나라가 사태의 시급성을 간과한다면 그 결과는 치명적일 것입니다. 흑인들의 정당한 분노가 들끓는 이 숨 막히는 여름은 자유와 평등의 상쾌한 가을이 와야 비로소 물러날 것입니다.

1963년은 끝이 아니라 시작입니다. 이 나라에 아무런 변화가 없다면, 흑인도 울분을 터트려야 했고 이제는 만족할 거라는 자신들의 바람이 얼마나 잘못된 것이었는지 곧 깨닫게 될 것입니다.

흑인이 시민권을 제대로 인정받는 날까지 미국에는 안식도 평온도 없을 것입니다. 정의의 밝은 날이 찾아올 때까지는 저항의 회오리바람이 우리나라의 기반을 계속 흔들어 댈 것입니다.

But there is something that I must say to my people who stand on the warm threshold which leads into the palace of justice. In the process of gaining our rightful place, we must not be guilty of wrongful deeds. Let us not seek to satisfy our thirst for freedom by drinking from the cup of bitterness and hatred.

We must forever conduct our struggle on the high plane of dignity and discipline. We must not allow our creative protest to degenerate into physical violence. Again and again, we must rise to the majestic heights of meeting physical force with soul force. The marvelous new militancy which has engulfed the Negro community must not lead us to a distrust of all white people, for many of our white brothers, as evidenced by their presence here today, have come to realize that their destiny is tied up with our destiny.

And they have come to realize that their freedom is inextricably bound to our freedom. We cannot walk alone. And as we walk, we must make the pledge that we shall always march ahead. We cannot turn back.

---

rightful 정당한, 합법적인 wrongful 부당한, 불법의 degenerate 타락하다, 퇴보하다
militancy 공격성, 호전성 engulf 완전히 에워싸다 inextricably 불가분하게 pledge 맹세, 서약

하지만 정의의 궁전으로 향하는 따스한 문턱에 서 있는 우리 국민에게 꼭 전하고 싶은 말이 있습니다. 정당한 자리를 얻는 과정에서 부당한 행위로 죄를 지어서는 안 됩니다. 억울함과 증오의 잔을 마셔서 자유에 대한 갈증을 해소하려고 하지 맙시다.

우리는 언제나 높은 수준의 존엄과 규율을 지키며 투쟁해야 합니다. 우리의 창의적 저항이 물리적 폭력으로 전락하는 일은 없어야 합니다. 거듭해서 우리는 영혼의 힘으로 물리적 힘에 맞서는 장엄한 수준에 이르러야 합니다. 흑인 공동체를 휩쓸고 있는 놀라울 정도로 새로운 투쟁 정신이 모든 백인에 대한 불신으로 이어져서는 안 됩니다. 오늘 이 자리에 함께한 많은 백인 형제들이 입증해 주듯, 수많은 백인들이 그들과 우리의 운명이 하나로 묶여 있음을 깨닫고 있기 때문입니다.

그리고 그들은 자신의 자유와 흑인의 자유가 불가분의 관계에 있음을 깨닫고 있습니다. 우리는 홀로 걸을 수 없습니다. 또한 우리는 걸으면서 항상 앞으로 나아가겠다고 맹세해야 합니다. 되돌아갈 수는 없습니다.

There are those who are asking the devotees* of civil rights, when will you be satisfied? We can never be satisfied as long as the Negro is the victim of the unspeakable horrors of police brutality. We can never be satisfied as long as our bodies, heavy with the fatigue of travel, cannot gain lodging* in the motels of the highways and the hotels of the cities.

We cannot be satisfied as long as the Negro's basic mobility* is from a smaller ghetto to a larger one. We can never be satisfied as long as our children are stripped of* their selfhood and robbed of their dignity by signs stating: for whites only.

We cannot be satisfied as long as a Negro in Mississippi cannot vote and a Negro in New York believes he has nothing for which to vote. No, no, we are not satisfied, and we will not be satisfied until justice rolls down like waters, and righteousness* like a mighty stream.

I am not unmindful* that some of you have come here out of great trials and tribulations. Some of you have come fresh from narrow jail cells. Some of you have come from areas where your quest* for freedom left you battered* by the storms of persecution* and staggered* by the winds of police brutality.

---

devotee 열성적인 애호가[추종자] lodging 숙소, 하숙 mobility (주소, 직업, 계급 등의) 유동(성), 이동 be stripped of ~를 빼앗기다 righteousness 공정, 정의 unmindful 마음에 두지 않는, 신경 안 쓰는 quest 탐색, 추구 batter 계속 두드리다, 구타하다 persecution 박해 stagger 비틀[휘청]거리다

흑인 시민권을 주장하는 이들에게 대체 언제 만족할 것이냐고 묻는 사람들이 있습니다. 너무 잔인해서 입에 담지도 못할 만큼 끔찍한 경찰의 폭력에 흑인들이 희생되는 한, 우리는 절대 만족할 수 없습니다. 여행으로 지쳐 무거워진 몸이 고속도로 모텔과 도심의 호텔에서 방을 구할 수 없는 한, 우리는 절대 만족할 수 없습니다.

흑인의 기본적 이동권이 작은 빈민가에서 더 큰 빈민가로일 뿐인 한, 우리는 만족할 수 없습니다. 우리 아이들이 '백인 전용'이라는 표지판에 자아를 빼앗기고 존엄성이 짓밟히는 한, 우리는 만족할 수 없습니다.

미시시피에 사는 흑인은 투표할 수 없고, 뉴욕에 사는 흑인은 투표할 아무런 동기가 없다고 느끼는 한, 우리는 만족할 수 없습니다. 네, 우리는 만족할 수 없습니다. 정의가 물처럼, 공정함이 세찬 시냇물처럼 흐르기 전까지 우리는 만족하지 않을 것입니다.

여러분 중에는 큰 시련과 고난을 겪은 분들이 있다는 것을 잘 알고 있습니다. 비좁은 교도소에서 갓 나온 분들도 있을 겁니다. 자유를 갈구한다는 이유로 박해의 폭풍에 시달리고, 경찰의 잔혹 행위라는 광풍에 휘청거렸던 분들도 있을 겁니다.

You have been the veterans of creative suffering. Continue to work with the faith ǀ that unearned* suffering is redemptive*. Go back to Mississippi, ǀ go back to Alabama, go back to South Carolina, go back to Georgia, go back to Louisiana, ǀ go back to the slums and ghettos of our northern cities, ǀ knowing that somehow this situation can and will be changed.

Let us not wallow* in the valley of despair, ǀ I say to you today, my friends. So even though we face the difficulties of today and tomorrow, ǀ I still have a dream. It is a dream deeply rooted in the American dream. I have a dream ǀ that one day this nation will rise up ǀ and live out the true meaning of its creed: We hold these truths to be self-evident, ǀ that all men are created equal.

I have a dream ǀ that one day on the red hills of Georgia, ǀ the sons of former slaves and the sons of former slave owners ǀ will be able to sit down together at the table of brotherhood. I have a dream ǀ that one day even the state of Mississippi, a state sweltering with the heat of injustice, ǀ sweltering with the heat of oppression ǀ will be transformed into an oasis of freedom and justice.

---

unearned 수고 없이 얻은 redemptive 구원하는 wallow (수렁, 모래, 물 속에서) 뒹굴다

여러분은 상상할 수 없는 온갖 고통을 이겨낸 백전노장들입니다. 부당한 고난 끝에 구원이 있음을 믿고 계속 저항합시다. 이 상황은 어떻게든 바뀔 수 있고 바뀔 거라는 믿음을 품고 미시시피로 돌아가십시오. 앨라배마로 돌아가십시오. 사우스캐롤라이나로 돌아가십시오. 조지아로 돌아가십시오. 루이지애나로 돌아가십시오. 북부 도시들의 빈민가로 돌아가십시오.

오늘 여러분께 말씀드립니다. 절망의 골짜기에서 뒹굴지 맙시다. 오늘과 내일, 우리가 고난에 직면한다고 해도 저에게는 여전히 꿈이 있습니다. 아메리칸드림에 깊이 뿌리내린 꿈입니다. 저는 언젠가 이 나라가 궐기하여, 모든 인간은 평등하게 창조되었음을 자명한 사실로 받아들인다는 그 신념의 참된 의미를 실현하는 날을 꿈꿉니다.

언젠가 조지아의 붉게 물든 언덕 위에, 노예였던 자손들과 노예의 주인이었던 자손들이 형제애가 넘치는 식탁에 함께 앉을 수 있을 날을 꿈꿉니다. 언젠가 불의의 열기와 탄압의 열기로 숨 막히는 미시시피조차도 자유와 정의의 오아시스로 거듭나는 날을 꿈꿉니다.

I have a dream that my four little children will one day live in a nation where they will not be judged by the color of their skin but by the content of their character. I have a dream today.

I have a dream that one day down in Alabama with its vicious* racists, with its governor having his lips dripping with* the words of interposition* and nullification* one day right down in Alabama little Black boys and Black girls will be able to join hands with little white boys and white girls as sisters and brothers. I have a dream today.

I have a dream that one day every valley shall be exalted*, every hill and mountain shall be made low, the rough places will be made plain, and the crooked places will be made straight, and the glory of the Lord shall be revealed, and all flesh shall see it together.

This is our hope. This is the faith that I go back to the South with. With this faith, we will be able to hew* out of the mountain of despair a stone of hope. With this faith we will be able to transform the jangling* discords* of our nation into a beautiful symphony of brotherhood.

vicious 증오에 찬, 악랄한 drip with ~이 주렁주렁 달려 있다 interposition (미) 주권(州權) 우위설; 개입, 중재 nullification (미) 주의 연방 법령 실시 거부; 무효, 파기 exalt 높이다 hew (큰 것을) 잘라서[깎아서] 만들다 jangle 신경을 거슬리게 하다, 쨍그렁거리다 discord 불협화음, 불화 언젠가 제 어린 네 자녀가 피부색이 아닌 성품으로 평가받는 나라에서 살게 될 날을 꿈꿉니다. 오늘 저에게는 꿈이 있습니다.

증오에 찬 인종 차별주의자들이 있고, 주권 우위설과 연방 법 무효화를 입에 달고 사는 주지사가 있는 남부 앨라배마에서도 언젠가 어린 흑인 소년 소녀들이 어린 백인 소년 소녀들과 형제자매처럼 손잡을 수 있기를 꿈꿉니다. 오늘 저에게는 꿈이 있습니다.

저는 언젠가 모든 골짜기가 메워지고, 모든 언덕과 산은 낮아지며, 험한 곳은 평탄해지고, 굽은 곳은 곧게 펴지기를, 그리고 주님의 영광이 드러나 모든 이가 그것을 함께 보게 되기를 꿈꿉니다.

이것이 우리의 희망입니다. 이것이 바로 제가 마음에 품고 남부로 돌아가는 믿음입니다. 이 믿음으로 우리는 절망의 산에서 희망의 돌을 깎아 낼 수 있을 것입니다. 이 믿음으로 우리는 이 나라의 불협화음을 아름다운 형제애의 교향곡으로 바꿀 수 있을 것입니다.

With this faith | we will be able to work together, to pray together, | to struggle together, to go to jail together, to stand up for˙freedom together, | knowing that we will be free one day.

This will be the day | when all of God's children will be able to sing with new meaning: My country, 'tis of thee, | sweet land of liberty, of thee I sing. Land where my fathers died, land of the pilgrims' pride, | from every mountainside, | let freedom ring.

And if America is to be a great nation, | this must become true. And so let freedom ring | from the prodigious˙hilltops of New Hampshire. Let freedom ring | from the mighty˙mountains of New York. Let freedom ring | from the heightening Alleghenies of Pennsylvania. Let freedom ring | from the snowcapped Rockies of Colorado. Let freedom ring | from the curvaceous˙ slopes of California. But not only that, | let freedom ring | from Stone Mountain of Georgia. Let freedom ring | from Lookout Mountain of Tennessee. Let freedom ring | from every hill and molehill˙of Mississippi. From every mountainside, | let freedom ring.

stand up for ~를 지지[옹호]하다 prodigious 장대한, 엄청난, 경이로운 mighty 웅장한, 힘센
curvaceous 곡선미가 있는 molehill 두더지가 파 놓은 흙무더기

이 믿음으로 우리는 함께 일하고 함께 기도하고 함께 싸우고 함께 감옥에 가고 함께 자유를 외칠 수 있습니다. 언젠가 우리가 자유를 누릴 것임을 알기 때문입니다.

그날은 하나님의 모든 자녀가 새로운 의미를 담아 이 노래를 부를 수 있게 될 것입니다. 나의 조국, 그대여, 달콤한 자유의 땅이여, 그대여, 나는 노래하네. 나의 조상들이 묻힌 땅, 순례자들의 자부심이 깃든 땅이여, 모든 산비탈에서 자유여, 울려 퍼져라!

미국이 위대한 나라가 되려면 이 노랫말이 반드시 실현돼야 합니다. 그러니 뉴햄프셔의 장대한 언덕 정상에서 자유가 울려 퍼지게 합시다. 뉴욕의 웅장한 산맥에서 자유가 울려 퍼지게 합시다. 펜실베이니아의 높이 솟은 앨러게이니산맥에서 자유가 울려 퍼지게 합시다. 콜로라도의 눈 덮인 로키산맥에서 자유가 울려 퍼지게 합시다. 캘리포니아의 굽이치는 산비탈에서 자유가 울려 퍼지게 합시다. 하지만 그것으로 끝나서는 안 됩니다. 조지아의 스톤마운틴에서 자유가 울려 퍼지게 합시다. 테네시의 룩아웃마운틴에서 자유가 울려 퍼지게 합시다. 미시시피의 모든 크고 작은 언덕에서 자유가 울려 퍼지게 합시다. 미국의 모든 산비탈에서 자유가 울려 퍼지게 합시다.

And when this happens, | and when we allow freedom ring, | when we let it ring from every village and every hamlet*, | from every state and every city, | we will be able to speed up that day | when all of God's children, Black men and white men, | Jews and Gentiles*, | Protestants and Catholics, | will be able to join hands | and sing in the words of the old Negro spiritual*: Free at last! Free at last! Thank God almighty, | we are free at last!

hamlet 아주 작은 마을 Gentile 비유대인 spiritual 흑인 영가

이 일이 실현될 때, 우리가 자유를 울려 퍼지게 할 때, 우리가 모든 크고 작은 마을에서, 모든 주와 모든 도시에서 자유가 울려 퍼지게 할 때, 우리는 하나님의 모든 자녀, 흑인과 백인, 유대인과 비유대인, 개신교도와 가톨릭교도가 손을 맞잡고 오래된 흑인 영가의 가사를 부르게 될 날을 앞당길 수 있을 것입니다. 마침내 자유로워졌네! 마침내 자유로워졌네! 전능하신 하나님, 감사합니다. 마침내 우리는 자유로워졌네!

음원으로 듣기

논리 위에 감성을 얹다

I am happy to join with you today in what will go down in history as *the greatest demonstration for freedom* in the history of our nation.

자유를 위한 가장 위대한 시위로 우리나라 역사에 길이 남을 이 현장에 오늘 여러분과 함께할 수 있어 기쁩니다.

시위에 참여한 25만 명이 모두 하나의 목적을 품었을까요? 그렇지 않습니다. 하지만 킹 목사의 한 줄 인사말로 상황이 정리됩니다. 킹 목사는 모두가 자유를 찾기 위해 모였다고 선언하며 시위의 목적을 하나로 정의합니다. '자유'는 이 연설을 관통하는 주제입니다. 이 연설은 자유로 시작해서 자유로 끝납니다. 여기서 말하는 자유는 어떤 역사적 무게를 지닌 것일까요? 킹 목사는 서두에 곧바로 그 기원을 짚으며, 백 년 전의 의미 있는 순간으로 청중을 이끕니다.

Five score years ago, a great American, in whose symbolic shadow we stand today, signed the Emancipation Proclamation.

링컨 기념관에서 링컨 동상 앞에 선 행진 지도자들의 사진(좌)
「노예 해방 선언」 E.G. 레네시 그림(우)

백 년 전, 한 위대한 미국인이 노예 해방 선언에 서명하였고, 오늘 우리는 그분을 기리는 상징적인 자리에 서 있습니다.

five score years ago란 무슨 뜻일까요? score는 20을 뜻합니다. 잠시 산수를 해 볼까요? five score, 즉 5 곱하기 20은? 100이죠. 따라서 five score years ago는 '백 년 전에'라는 뜻입니다. 문득 궁금합니다. 그냥 one hundred years ago라고 하면 되지 왜 이렇게 계산이 필요한 표현을 썼을까요? 잠깐, 그러고 보니 어디서 많이 본 표현입니다. 바로 링컨의 게티즈버그 연설이죠. 맞습니다. 킹 목사는 링컨의 동상 앞에서, 그 유명한 게티즈버그 연설의 첫 문구를 인용하며 연설을 시작한 것입니다. 그 연설은 이렇게 시작합니다.

Four score and seven years ago our fathers…

87년 전 우리 선조는…

그는 미국 초등학교 교과서에 실릴 정도로 잘 알려진 링컨의 연설을 상기시킴으로써 미국의 역사와 건국 이념의 한복판에 흑인 민권 문제를 놓습니다. '이 문제는 곧 미국의 이야기'라는 메시지를 분명히 하는 셈입니다.

킹 목사는 흑인의 자유와 평등을 주장하면서 절대 동정에 기대지 않습니다. 흑인의 고된 삶과 경찰의 잔혹함을 보여 주며 단순히 백인의 공감을 얻으려고 하지 않습니다. 그 대신, 모두가 부인하기 어려운 역사적 근거를 먼저 제시합니다. 그래서일까요? 그의 목소리와 어조에 당당함이 묻어납니다. 타당한 근거를 바탕으로 주장의 논리를 차곡차곡 쌓고 나서 그 위에 감성을 자연스럽게 얹는 것이 킹 목사의 설득 기법입니다.

비유로 청중의 공감을 끌어내다

But 100 years later, the Negro still is not free.

하지만 백 년이 지난 지금도 흑인에게는 여전히 자유가 없습니다.

건국과 해방의 약속을 상기시킨 직후, 킹 목사는 곧바로 현실을 들이밉니다. 미국에서 노예가 해방된 지 백 년이 넘었다는 사실, 그런데 아직도 흑인들이 온전한 자유를 누리지 못하고 있는 현실, 이 두 가지를 연속으로 네 번 반복해서 말합니다. 반복의 힘으로 청중에게 메시지를 분명하게 전달하는 거죠.

우리는 타인이 어떤 주장을 하면 그 근거를 요구합니다. 그 출처와 근거를 보고 주장을 받아들이지 말지 결정합니다. 흑인의 평등을 주장하는 킹 목사도 여기서 벗어날 수 없죠. 그가 붙잡은 타당하고 누구도 부인할 수 없는 근거는 무엇일까요? 바로, 미국의 건국 이념이 담겨 있는「미국 독립선언서」와 링컨의「노예 해방 선언」입니다. 두 선언서 모두 공식적으로 모든 인간의 평등과 자유를 정의하고 있습니다. 이제 그는 이 가장 강력한 근거 위에 논리를 세웁니다.

> When the architects of our republic wrote the magnificent words of the Constitution and the Declaration of Independence, they were signing a promissory note to which every American was to fall heir. This note was a promise that all men—yes, Black men as well as white men—would be guaranteed the unalienable rights of life, liberty and the pursuit of happiness.
>
> 우리 건국의 아버지들이 헌법과 미국 독립선언서에 장려한 글귀를 쓸 때, 그들은 모든 미국인이 상속받게 될 약속 어음에 서명한 것입니다. 이 어음은 모든 인간, 백인뿐만 아니라 흑인에게도 그 누구에게도 양도할 수 없는 생명권, 자유권, 행복 추구권을 보장받을 것이라는 약속이었습니다.

킹 목사는 미국 건국의 약속을 다시 꺼냄으로써, 자유와 평등이 단지 흑인만의 요구가 아니라 미국이라는 나라 전체가 지켜야 할 원칙임을 상기시킵니다. 그리고 이 약속을 지금 당장 실현해야 한다는 절박함을 다음과 같이 비유로 표현합니다.

수십만 명이 운집한 링컨 기념관의 계단 위에서
킹 목사는 「저에게는 꿈이 있습니다」를 연설했다.

And so, *we've come to cash this check,* a check that will give
us upon demand the riches of freedom and the security
of justice.

그래서 **우리는 이 수표를 현금화하기 위해 여기 왔습니다.** 이 수표는
요구하는 즉시 우리에게 자유의 풍요로움과 정의의 안전을 가져다줄
것입니다.

상대의 행동을 바꾸려면 상대의 머리가 아닌 마음을 움직여야 합니다.
킹 목사의 연설에는 정치인들이 자주 사용하는 통계 자료 같은 건 없습
니다. 청중이 직관적으로 이해할 수 있는 비유가 있을 뿐입니다. 어음을
현금으로 되찾기 위해, 즉 맡겨 두었던 자유를 되찾기 위해 이곳에 모였
다고 외치며 청중의 공감을 끌어냅니다. 이로써 청중은 당연한 권리를
찾으러 모인 한 무리의 동지가 됩니다.

still에서 now, 그리고 until로

We have also come to this hallowed spot to remind America of the fierce urgency of *now*. (...) *Now is the time* to make real the promises of democracy.

우리가 이 신성한 장소에 모인 또 다른 이유는 이 나라에 **현재** 상황의 시급성을 상기시키기 위해서입니다. (…) **지금은** 민주주의의 약속을 실현할 **때입니다.**

앞에서는 과거의 의미가 담긴 still이 네 번 반복되었다면, 이제 현재를 나타내는 단어 now를 다섯 번 반복합니다. Now is the time, 때가 되었다고 반복하여 말합니다. 미국 정부는 백 년 동안 흑인의 자유를 억압했고, 이제는 더 이상 기다릴 수 없다고 합니다. 그리고 동시에 시민권 개정 법안을 '지금' 통과시키라고 의회를 압박합니다.

This sweltering summer of the Negro's legitimate discontent will not pass *until* there is an invigorating autumn of freedom and equality. (...) There will be neither rest nor tranquility in America *until* the Negro is granted his citizenship rights. The whirlwinds of revolt will continue to shake the foundations of our nation *until* the bright day of justice emerges.

흑인들의 정당한 분노가 들끓는 이 숨 막히는 여름은 자유와 평등의 상쾌한 가을이 와야 **비로소** 물러날 것입니다. (…) 흑인이 시민권을 제대로 인정받는 **날까지** 미국에는 안식도 평온도 없을 것입니다. 정의의 밝은 날이 찾아올 **때까지**는 저항의 회오리바람이 우리나라의 기반을 계속 흔들어 댈 것입니다.

킹 목사는 미래의 의미로 until을 세 번 반복하며 흑인들에게 진정한 자유가 주어지지 않는다면 어떤 일이 일어날지 묘사합니다. 당시 백인 사회도 꽤 긴장했습니다. 침묵 속에 살던 흑인들이 일제히 일어나 자유를 주장하니 말이죠. 1963년 5월의 앨라배마 거리 행진*만 봐도 당시의 혼돈을 상상할 수 있습니다. 자유와 평등을 찾기 위한 흑인 사회의 의지가 여실히 드러나는 사건이었습니다. 킹 목사는 흑인들에게 자유와 평등이 주어질 때까지 이런 긴장과 불안이 계속될 거라고 말하며, 더는 기다리지 않겠다고 배수의 진을 칩니다.

흑인의 인권 운동에 숭고함을 더하다

But there is something that I must say to *my people who stand on the warm threshold which leads into the palace of justice.* In the process of gaining our rightful place, we must not be guilty of wrongful deeds. Let us not seek to

---

• 1963년 5월 앨라배마 거리 행진 당시 1천여 명의 흑인 청소년이 행진하며 자유를 외쳤고, 앨라배마 구치소는 학생들을 더 이상 수용할 수 없어 통학 버스에 태워 다른 구치소로 옮길 정도였습니다.

satisfy our thirst for freedom by drinking from the cup of bitterness and hatred. (...) Again and again, *we must rise to the majestic heights of meeting physical force with soul force.*

하지만 정의의 궁전으로 향하는 따스한 문턱에 서 있는 우리 국민에게 꼭 전하고 싶은 말이 있습니다. 정당한 자리를 얻는 과정에서 부당한 행위로 죄를 지어서는 안 됩니다. 억울함과 증오의 잔을 마셔서 자유에 대한 갈증을 해소하려고 하지 맙시다. (…) 거듭해서 우리는 **영혼의 힘으로 물리적 힘에 맞서는 장엄한 수준에 이르러야 합니다.**

킹 목사는 흑인의 인권을 주장하는 행위가 정의롭다고 말합니다. 따라서 흑인의 인권을 무시하는 집단은 정의롭지 못한 것이 됩니다. 흑인을 차별하고 잔인한 폭력을 행사하는 백인들에게, 즉 정의롭지 못한 이들에게 폭력을 당하면서도 정의로운 방법으로 자유를 요구하는 흑인들의 모습은 순교자를 연상시킵니다.

We can never be satisfied as long as the Negro is the victim of the unspeakable horrors of police brutality. (...) No, no, *we are not satisfied*, and *we will not be satisfied* until justice rolls down like waters, and righteousness like a mighty stream.

너무 잔인해서 입에 담지도 못할 만큼 끔찍한 경찰의 폭력에 흑인들이 희생되는 한, 우리는 절대 만족할 수 없습니다. (…) 네, 우리는 만족할 수

없습니다. 정의가 물처럼, 공정함이 세찬 시냇물처럼 흐르기 전까지 **우리는**

만족하지 않을 것입니다.

연설 초반에 킹 목사는 흑인의 참담한 상황을 생생하게 전달하기 위해 to dramatize a shameful condition 여기에 왔다고 합니다. 그리고 여기서는 satisfied라는 단어를 일곱 번 반복하며 흑인의 인권이 얼마나 짓밟히고 있는지 생생하게 전합니다. 자유와 평등의 민주주의를 자랑하는 미국의 두 얼굴을 만천하에 알리는 것이죠.

킹 목사는 백인들과 정부를 향해, 자유를 쟁취할 때까지 흑인들의 투쟁은 계속될 거라고 외칩니다. 이제 그 투쟁을 하는 이들을 위로하고 용기를 북돋아 줄 때입니다. 킹 목사는 고난이 따르는 흑인 인권 운동의 끝에 구원이 기다리고 있다고 말하며, 자유를 쟁취할 때까지 계속 투쟁하자고 독려합니다.

> Continue to work with the faith that *unearned suffering is redemptive.** (...) Let us not wallow in the *valley of despair***, I say to you today, my friends.
>
> **부당한 고난 끝에 구원이 있음을 믿고 계속 저항합시다.** (⋯) **오늘 여러분께 말씀드립니다. 절망의 골짜기에서 뒹굴지 맙시다.**

• 기독교 신학에서 예수의 고난과 십자가 희생을 인류의 구원을 위한 고난으로 해석하는 전통에서 나온 표현.
•• (시편 23:4) Though I walk through the valley of the shadow of death, I will fear no evil... 내가 사망의 음침한 골짜기를 다닐지라도 해를 두려워하지 않으리니⋯.

성경 구절을 빌려 흑인들을 위로하고 절망 속에서도 신념을 잃지 말고 끝까지 계속 투쟁하자고 권합니다. 이로써 분노를 고결함으로, 고통을 희망으로 승화시키며 흑인 인권 운동에 숭고함을 더합니다.

백인이 흑인을 얼마나 '창의적으로' 괴롭혔으면!

이 연설문을 읽다 보면 궁금증이 생깁니다. 도대체 백인이 흑인을 얼마나 못살게 굴었길래 이렇게 억울해할까? 그 답은 킹 목사가 4개월 전 버밍햄 시위에 참여했다가 감옥에 수감된 뒤 쓴 편지에서 확인할 수 있습니다.

> I guess it is easy for those who have never felt the stinging darts of segregation to say "wait." But when you have seen vicious mobs *lynch* your mothers and fathers at will and drown your sisters and brothers at whim...
> 인종 분리의 따갑게 찌르는 고통을 단 한 번도 느껴 보지 못한 사람들은 '기다리자'라는 말이 쉽게 나오나 봅니다. 그러나 극악무도한 폭도가 자기들 멋대로 당신의 부모를 **목매달아 죽이고** 기분 내키는 대로 당신의 형제자매를 물에 빠뜨려 죽이는 모습을 보았다면…

린치lynch. 법적 절차 없이 사람을 목매달아 죽이거나 집단으로 처형하는 사적 제재를 말합니다. 린치는 1863년 노예 해방 선언 이후, 백인이

1920년 6월 15일, 미네소타주 덜루스에서 발생한
린치 현장을 담은 엽서

흑인을 통제하는 수단으로 사용되었습니다. 백인이 흑인에게 가한 이러한 무시무시한 행위는 남부에서 인종 분리를 합법화시킨 짐 크로 법*이후 더욱 빈번히 자행되었습니다. 린치에는 특별한 '처분' 형태가 없었습니다. 따라서 백인들의 '상상력'이 얼마든지 반영될 수 있었죠. 목을 매단 채 불태우거나, 신체의 일부를 자르거나, 여러 잔인한 방법이 동원되었습니다. 잘린 시신 일부가 남부에서 기념품으로 판매되기도 했다는 기록은 가히 충격적입니다. 불과 60년 전까지도 벌어졌던 일입니다. 백인들의 모함으로 자신의 가족이 나무에 목이 매달리는 것을 봐야 했던 흑인들. 지금 우리가 당연한 것으로 여기는 자유와 인권은 과거의 저항과 희생의 결과입니다. 이제 흑인들의 울분과 자유를 향한 갈증thirst for freedom이 이해되시나요?

You have been the veterans of *creative suffering*. Continue to work with the faith that unearned suffering is redemptive.

• Jim Crow Laws(1876~1965): 19세기 초, 흑인을 희화화한 '짐 크로'라는 가상의 흑인 캐릭터의 이름에서 유래한 이 법은 흑인과 백인을 법적으로 분리하고, 흑인의 권리를 제한했습니다.

여러분은 **상상할 수 없는 온갖 고통**을 이겨낸 백전노장들입니다. 부당한 고난 끝에 구원이 있음을 믿고 계속 저항합시다.

킹 목사는 suffering을 꾸며 주는 형용사로 creative를 선택했습니다. 창의적이라는 의미를 담고 있는 creative가 고난이라는 뜻의 suffering과 어울리나요? creative라는 단어는 주로 긍정적 의미로 쓰입니다. creative idea창의적 아이디어, **creative approach**창의적 접근법, **creative design**창의적 디자인 처럼요. 그런데 부정적 의미의 suffering과 긍정적 의미의 creative가 결합하면서 부조화를 일으키고, 그 부조화가 오히려 관심을 집중시킵니다. 백인이 얼마나 '창의적'으로 흑인을 괴롭혔으면 이런 표현을 썼을까요?

케네디 대통령의 뒤를 이은 린든 B. 존슨 대통령이 1965년 3월에 발표한 「우리는 승리하리라We Shall Overcome」 연설은 흑인들이 투표하는 것을 방해하기 위해 백인들이 얼마나 다양한 꾀를 냈는지 묘사합니다.

"흑인이 투표소에 가면 오늘은 투표일이 아니라고, 아니면 늦었다고 거짓말을 해서 돌려보내고, 이 꾀가 안 먹히면 중간 이름을 빼먹거나 약어로 기입해서 안 된다는 등 온갖 트집을 잡아 흑인의 표를 무효화시킵니다. 이마저도 안 먹히면 헌법 전문 또는 주 정부의 어려운 법 조항을 외우게 합니다. 사실 이런 시험을 통과하는 유일한 방법은 피부가 하얗다는 것을 보여 주는 것뿐입니다."

이처럼 집요하게 시민의 기본 권리를 빼앗긴 흑인들에게 일상적인 이동과 여행 또한 차별의 장벽이 되었습니다. 당시 미국에는 『Negro

Motorist Green Book』이라는 책자가 있었습니다. 『흑인 운전자를 위한 안내서』 정도로 번역할 수 있겠네요. 무슨 내용이 담겨 있을지 상상이 되나요? 교통 법규가 담겨 있을 것 같은 이 안내서에는 황당하게도 흑인을 받아 주는 식당과 모텔, 심지어 주유소 정보까지 담겨 있었습니다. 흑인에 대한 차별을 너무나도 당연하게 여겼던 것입니다.

진정한 자유와 평등이 존재하는 나라

상상해 봅시다. 킹 목사가 I have a dream.이 아닌 I have a goal.이라고 외쳤다면? 꿈이라는 단어는 목표나 비전과는 다르게 사람의 마음을 말랑말랑하게 만드는 효과가 있습니다. 꿈이란, 모두가 마음 깊은 곳에 하나씩 간직하고 있는 애틋한 무엇이기 때문이겠죠. 킹 목사는 이 꿈이라는 단어가 주는 효과를 이용한 것이 아닐까요?

그는 자신에게 꿈이 있다고 말하고, 아메리칸드림을 언급합니다. 자신의 꿈이 미국을 건국한 아버지들이 품었던 꿈과 같은 것이라고 말하는 것이죠. 미국인이라면 마땅히 누려야 할 자유와 평등을 흑인들은 꿈으로만 간직하고 있다며 청중의 감정을 자극합니다.

> So even though we face the difficulties of today and tomorrow, *I still have a dream.* It is a dream deeply rooted in the American dream. *I have a dream* that one day this nation will rise up and live out the true meaning of its creed: We hold these truths to be self-evident, that *all men are created equal.* (...) *I have a dream* that my four little children will one day live in a nation where they will not be judged by the color of their skin but by the content of their character.
>
> 오늘과 내일, 우리가 고난에 직면한다고 해도 **저에게는 여전히 꿈이 있습니다.** 아메리칸드림에 깊이 뿌리내린 꿈입니다. **저는** 언젠가 이 나라가 궐기하여, **모든 인간은 평등하게 창조되었음을** 자명한 사실로 받아들인다는 그 신념의 참된 의미를 실현하는 **날을 꿈꿉니다.** (…) 언젠가 제 어린 네 자녀가 피부색이 아닌 성품으로 평가받는 나라에서 살게 될 **날을 꿈꿉니다.**

이어서 그는 독립선언서에 나오는 문장 all men are created equal을 인용합니다. 미국 건국 이념을 잘 대변하는 문장이죠. 그렇다면 자유와 평등에 뿌리를 둔 나라는 어떤 모습이어야 할까요? 킹 목사는 그 모습을 바로 알게 해 주고자 연설 후반에 무려 여덟 번이나 I have a dream을 반복하며 진정한 평등이 구현된 사회를 묘사합니다. 특히 순결하고 약한 존재인 어린아이들과 자신의 자녀들을 이야기의 중심에 두어 모성애와 부성애를 자극합니다. 이어서 그는 hope와 faith를 반복하여 자유와 평화가 실현될 것이라는 믿음을 청중에게 심어 줍니다.

> This is our *hope*. This is the *faith* that I go back to the South with. *With this faith*, we will be able *to hew out of the mountain of despair a stone of hope*. (...) *With this faith*, we will be able to work together, to pray together, to struggle together, to go to jail together, to stand up for freedom together, *knowing that we will be free one day*.
>
> 이것이 우리의 희망입니다. 이것이 바로 제가 마음에 품고 남부로 돌아가는 **믿음**입니다. **이 믿음으로** 우리는 **절망의 산에서 희망의 돌을 깎아 낼 수** 있을 것입니다. (…) **이 믿음으로** 우리는 함께 일하고 함께 기도하고 함께 싸우고 함께 감옥에 가고 함께 자유를 외칠 수 있습니다. **언젠가 우리가 자유를 누릴 것임을 알기 때문입니다.**

여러분이 킹 목사처럼 흑인 인권 운동을 이끄는 리더라고 상상해 봅시다. 무엇이 두려울까요? 저라면 운동에 참여한 사람들이 '과연 이 현실이 바뀔까?'라는 의심을 품는 것이 두려울 겁니다. 킹 목사는 믿음이 있으면 산도 옮길 수 있다는 성경 구절*을 떠오르게 하는 어휘와 이미지를 이용

• (마태복음 17:20) If ye have faith as a grain of mustard seed, ye shall say unto this mountain, Remove hence to yonder place; and it shall remove; and nothing shall be impossible unto you. 너희에게 믿음이 겨자씨 한 알만큼만 있어도, 이 산을 명하여 여기서 저기로 옮겨지라 하면 옮겨질 것이요. 또 너희가 못 할 것이 없으리라.

합니다. 예언자적인 어조로 자신이 앞에서 밝힌 자유와 평등이 숨 쉬는 나라가 반드시 실현되리라는 걸 이미 알고 있다knowing고 말하며 불신의 싹을 단호히 자릅니다. hope를 두 번, faith를 네 번 반복하며, 청중의 마음에 의심 대신 확신을 심어 줍니다.

자유가 울려 퍼지게 하라

2차 세계대전 이후 소련과 냉전 체제를 유지하던 미국이 가장 두려워하던 것은 공산주의의 확산이었습니다. 미국이 '자유'라는 미명하에 베트남 전쟁에 개입한 것도 사실 공산주의의 확산을 막기 위해서였죠. 이런 상황에서 민주주의의 상징인 미국이 실제로는 자유와 평등이 존재하지 않는 나라임이 알려진다면 어떨까요? 국가 이미지는 물론 이데올로기 싸움에 큰 타격을 주겠죠. 따라서 시대 상황을 놓고 보면 미 연방 정부는 흑인 인권을 옹호하는 방향으로 갈 수밖에 없었을 겁니다. 킹 목사는 이 상황을 잘 활용합니다.

And if America is to be a great nation, this must become true.

미국이 위대한 나라가 되려면 이 노랫말이 반드시 실현돼야 합니다.

위 조건문의 앞뒤 순서를 바꿔서 말하면 이렇게 됩니다. "흑인이 자유와 평등을 누리지 못하는데 미국을 위대한 나라라고 할 수 있겠습니까?"

굉장히 날 선 문장입니다. 이 날카로운 질문을 던져서 국회가 시민권 개정안을 빨리 통과시키도록 압박을 가하는 것입니다.

> And so *let freedom ring* from the prodigious hilltops of New Hampshire.
>
> 그러니 뉴햄프셔의 장대한 언덕 정상에서 **자유가 울려 퍼지게 합시다.**

이제 결론입니다. 킹 목사는 let freedom ring이라는 표현을 무려 열 번이나 반복하며 자유를 외칩니다. 이 표현은 어디서 나왔을까요? 바로 미국의 비공식 국가國歌 중 하나인 My Country, 'Tis of Thee입니다. 지금 우리가 알고 있는 미국 국가 The Star-Spangled Banner가 1931년에 정식 지정되기 전까지, 이 노래가 국가처럼 불렸습니다. 이 노래의 1절 마지막 가사는 다음과 같습니다.

> From every mountainside, let freedom ring!
>
> 모든 산기슭에서 자유가 울려 퍼지게 하라!

킹 목사는 연설 말미에 국가의 한 구절을 인용함으로써 자유가 미국의 뿌리임을 다시 한번 상기시킵니다. 그리고 그 자유가 미국 전역에서 모든 이에게, 차별 없이 울려 퍼져야 한다는 메시지로 연설을 마무리합니다.

조지 월리스, 제3당 소속으로 대통령 후보 출마 선언도 했다.

주권 우위설과 연방 법 무효화를 입에 달고 사는 주지사

연설 후반, 킹 목사가 I have a dream을 반복하며 '증오에 찬 인종 차별주의자들'에 관해 언급할 때 한 인물이 등장합니다.

I have a dream that one day down in Alabama with its vicious racists, with *its governor having his lips dripping with the words of interposition and nullification* one day right down in Alabama little Black boys and Black girls will be able to join hands with little white boys and white girls as sisters and brothers.

증오에 찬 인종 차별주의자들이 있고, **주권 우위설과 연방 법 무효화를 입에 달고 사는 주지사**가 있는 남부 앨라배마에서도 언젠가 어린 흑인 소년 소녀들이 어린 백인 소년 소녀들과 형제자매처럼 손잡을 수 있기를 꿈꿉니다.

1850년경 조지아주의
한 노예 신분인 가족의 모습

1963년 1월 14일, 한 백인 남자가 자신의 주지사 취임식에서 핏대를 세우며 외칩니다. "오늘도 인종 분리, 내일도 인종 분리, 영원히 인종 분리! Segregation now, segregation tomorrow, segregation forever." 이 남자가 바로 킹 목사가 연설에서 언급한 앨라배마 주지사, 조지 월리스입니다.

조지 월리스가 입에 달고 살았다는 '주권 우위설과 연방 법 무효화interposition and nullification'라는 단어는 거창해 보이지만, 쉽게 말해서 '우리 주에서 벌어지는 일은 우리가 알아서 할 테니 연방 정부는 간섭하지 말라'는 뜻입니다. 특히 그는 연방 정부의 인종 분리 철폐 정책에 강하게 반대했습니다. 그렇다면 조지 월리스가 왜 발음도 어려운 저 두 단어를 자주 반복해서 언급했는지 궁금해집니다. 그가 미국 남부 앨라배마 토박이라는 것이 중요한 단서입니다.

미국이 영국으로부터의 독립운동을 할 당시부터 남부는 농업에 크게 의존하고 있었습니다. 기온이 온화하고 일조량이 많았기 때문이죠. 특히 목화 산업이 발달했습니다. 따라서 남북 전쟁에서 패배한 후에도 남부는 값싼 노동력을 채워 주는 흑인 노예들을 포기할 수 없었습니다. 이 역사의 물결이 20세기까지 대대로 흘러온 것이죠. 남부의 입장에서 연방 정부의 인종 차별 철폐는 생존의 위협을 의미했습니다. 남부 토박이 조지 월리스의 주장은 이러한 남부인의 불안과 반발을 이용한 정치적 발언이었던 것이죠.

남부, 그중에서도 앨라배마주는 흑인 불평등 문제가 심각했습니다. 앨라배마주는 1955년, 흑인 여성인 로자 파크스Rosa Parks가 백인 여성에게 버스 좌석을 양보하지 않았다고 체포된 사건이 있었던 곳이자, 킹 목사가 흑인 인권 운동을 하다가 교도소에 갇힌 곳이었습니다. 이 악명 높은 주의 수장이 바로 조지 월리스였던 것이죠. 그가 연방 정부의 인종 분리 철폐 정책을 반대한 이유는 뿌리 깊은 인종 차별주의뿐만 아니라 정치적 전략으로도 해석됩니다.

혹자는 I have a dream.이라는 문장이 연설 도중 즉흥적으로 만들어졌다고 주장합니다. 킹 목사가 연설하고 있을 때 가스펠 가수 머핼리아 잭슨이 "마틴! 그들에게 꿈이 무엇인지 얘기해 주세요!"라고 외쳤고, 이에 "저에게는 꿈이 있습니다."라고 응답했다는 것이죠.

글쎄요. 연설자는 연설문의 내용은 물론, 표정, 억양, 쉼표, 빠르기, 강조점까지 세세히 준비합니다. 특히, 오랜 기간 치밀하게 준비해 온 행진을 마무리하는 연설을 즉흥적으로 했다고 보기는 어렵습니다. 어쩌면 마할리아 잭슨의 외침도 약속된 것이 아니었을까요? 진실이 무엇이든 상관없습니다. 어쨌든 그 문장은 청중의 마음을 울렸고 덕분에 시민권 법안도 빠르게 진행되었으니까요. 잘 쓰인 연설문 하나가 참으로 많은 일을 해냈습니다.

제 주변 사람들에게 킹 목사의 연설을 아느냐고 물으면 대부분이 연설을 얘기합니다. 이 연설의 핵심 단어가 뭐냐고 물으면 '꿈dream'이라고 답합니다. 꿈이 킹 목사의 연설에서 중요한 단어인 것은 맞습니다. 하지만 제 생각에 이 연설의 진정한 주인공은 '자유freedom'입니다. 이 연설은 자유로 시작해서 자유로 끝납니다. 비유적인 표현이 아니라, 정말로 연설의 첫 문장과 끝 문장에 모두 '자유'라는 단어가 등장하죠. 킹 목사는 let freedom ring을 열 번이나 반복합니다. 이 연설에서 가장 많이 반복되는 어구죠. 사실 '꿈'은 청중의 마음을 무장 해제시키기 위한 수단일 뿐입니다. 자유. 바로 이 단어가 킹 목사가 청중에게 남기고 싶은 단 하나의 단어가 아니었을까요?

4

힐러리 로댐 클린턴의 유엔 세계여성회의 여성 인권 연설

Remarks for the U.N. Fourth World Conference on Women by Hillary Rodham Clinton

중국 베이징 국제회의장에서 기조연설을 하고 있는 힐러리

"이 연설을 통해 무엇을 이루고 싶으세요?"
모두가 잠든 베이징행 전용기 안, 연설 비서관이 속삭이듯 물었다.
힐러리가 답했다.
"여성의 권리와 인권 문제에 있어서 그 한계를 뛰어넘고 싶어요."

철저한 예증과 공감의 언어로 설득하는 연설

'힐러리'라는 이름을 들으면 어떤 이미지가 떠오르시나요? 미국 대통령에 도전했던 당찬 여성, 그 많은 스캔들에도 남편 빌클린턴을 품어 준 통 큰 여성. 여러 가지 이미지가 있지만, 분명한 사실은 힐러리는 성공한 여성의 아이콘이라는 것이지요. 그런데 그런 힐러리에게도 '남편을 뽑았더니 정치는 아내가 한다'라는 비난을 받고 정치에서 물러나야 했던 암흑기가 있었습니다. 끝나 가던 힐러리의 정치생명을 단번에 소생시킨 연설이 있었습니다. 지금의 힐러리를 만들어 준 바로 그 연설, 1995년 베이징에서 열린 유엔 세계여성회의 여성 인권 연설입니다.

"하나 사면 하나 공짜Buy One, Get One Free" 미국 제42대 대통령 빌 클린턴의 대선 구호입니다. 자신을 뽑으면 유능한 힐러리가 덤으로 온다는 의미죠. 실제로 클린턴이 대통령이 된 후 힐러리는 정치에 꽤 깊숙이 관여했습니다. 부통령보다 많은 수의 보좌진을 두고 영부인으로서는 처음으로 백악관에 지휘 통제 센터를 만들었으며, 훗날 힐러리 케어라 불리는 의료보험 개혁을 열정적으로 추진했습니다.

그런데 60%의 높은 지지율로 출범했던 클린턴 행정부가 삐걱거리기 시작합니다. 대통령의 성 스캔들에 이어 부동산 투자 사기 사건 등 화이트워터 게이트에 이들 부부가 연루되며 1년 만에 지지율이 40%로 뚝 떨어지죠. 이제 대중은 힐러리의 열정에 반감을 드러냅니다. '자기가 대통령인 줄 안다'며 힐러리를 비난합니다.

1994년 가을, 클린턴 부부에게 올 것이 옵니다. 힐러리가 추진한 의료보험 개혁은 끝내 좌절되고, 대통령 임기 중반에 실시되어 '대통령의 중간고사'라 불리는 중간 선거midterm election에서 야당인 공화당이 민주당을 꺾고 다수당이 됩니다. 특히 하원에서 공화당 다수 체제가 구축된 것은 40년 만의 대사건이었기에 민주당 출신인 클린턴은 큰 충격을 받습니다. 2년 남짓 남은 재선에서 클린턴이 승리하기 위해서는 국민의 반감을 샀던 힐러리가 물러나야 합니다. 1995년 2월, 힐러리는 2선으로 물러나 뒤에서 남편을 돕겠다며 해외 순방을 떠나 가난하고 아픈 이들을 위로하는 등 전통적인 영부인의 모습을 보여 줍니다.

하지만 힐러리에게 곧 전환점이 찾아옵니다. 베이징에서 열릴 제4차 유엔 세계여성회의의 기조연설을 해 달라는 유엔의 요청이었죠. 하지만 중국의 인권 유린 행위를 묵인하는 거나 마찬가지라며 여야 모두 힐러리의 참석을 반대합니다. 마침 미국의 한 인권 운동가가 중국에 불법 입국을 시도하다 체포되자, 이제는 인권 운동 단체까지 힐러리의 중국행을 반대합니다. 결국 백악관은 인권 운동가의 석방을 조건으로 힐러리의 베이징행을 허락하고, 중국은 고민 끝에 행사 몇 주 전 극적으로 인권 운동가의 석방을 발표합니다. 중국 입장에서는 어렵게 국제 행사를 유치했는데 힐러리가 빠지면 세계의 관심도 떨어질 테니까요. 힐러리의 중국행이 결정되는 순간이죠!

힐러리의 이번 연설은 만만치 않습니다. 당시 미국의 중요한 무역 파트너로 떠오르고 있던 중국을 너무 자극하지 않으면서도 그들의 인권 유린에 반대한다는 의사는 분명히 전해야 합니다. 그리고 침몰 중인 클린턴 행정부를 살려야 합니다. 의료보험 개혁 좌절과 중간 선거 패배의 아픔을 딛고 다시 도약할 수 있는 구심점을 반드시 확보해야 합니다. 시간이 촉박합니다. 훗날 힐러리가 자서전에 "연설을 수천 번 했지만, 그날은 너무 긴장되었다."고 회고할 만합니다.

베이징으로 향하는 전용기 안, 모두가 잠든 가운데 독서등 하나가 켜져 있습니다. 초조함 속에 연설 비서관이 힐러리에게 조심스럽게 묻습니다. "이 연설을 통해 무엇을 이루고 싶으세요?" 짧은 침묵 후 힐러리가 답합니다. "여성의 권리와 인권 문제에 있어서 그 한계를 뛰어넘고 싶어요."•

• (연설 비서관 리사 머스커틴의 인터뷰 중) [Hillary] said, "I just want to push the envelope as far as I can on women's rights and human rights."

I would like to thank the Secretary General of the United Nations | for inviting me to be part of the United Nations Fourth World Conference on Women. This is truly a celebration—a celebration of the contributions women make in every aspect of life: in the home, on the job, in their communities, | as mothers, wives, sisters, daughters, | learners, workers, citizens and leaders.

It is also a coming together, | much the way women come together every day in every country. We come together in fields and in factories. In village markets and supermarkets. In living rooms and board rooms.

Whether it is while playing with our children in the park or washing clothes in a river, | or taking a break at the office water cooler*, | we come together and talk about our aspirations* and concerns. And time and again, our talk turns to our children and our families.

| water cooler 정수기, 직원들이 음료수를 마시며 담소를 나누는 곳 . aspiration 포부, 염원

유엔 제4차 세계여성회의에 저를 초대해 주신 유엔 사무총장님께
감사드립니다. 이 회의는 진정한 기념행사입니다. 누군가의 어머니,
아내, 자매, 딸, 학생, 노동자, 시민, 지도자로서 삶의 모든 영역,
즉 가정과 일터, 그리고 자신이 속한 공동체에서 여성이 기여하는 바를
기념하는 자리입니다.

또한 이 회의는 여성들이 함께 모이는 자리이기도 합니다. 전 세계에서
여성들이 매일 모이는 것과 별반 다르지 않습니다. 우리는 들판과
공장에서 모입니다. 동네 시장과 슈퍼마켓에서 모입니다. 거실과
회의실에서도 모입니다.

공원에서 아이들과 함께 놀 때나 강가에서 옷을 빨 때, 아니면
회사 휴게실에서 휴식을 취할 때 우리는 함께 모여 우리의 포부와
걱정거리에 관해 이야기를 나눕니다. 그리고 늘 그렇듯 우리의 대화
주제는 아이들과 가족으로 넘어가죠.

However different we may appear, | there is far more that unites us than divides us. We share a common future. And we are here to find common ground* | so that we may help bring new dignity and respect | to women and girls all over the world—and in so doing, | bring new strength and stability to families as well.

By gathering in Beijing, we are focusing world attention on issues | that matter most in the lives of women and their families: access to education, health care, jobs, and credit, | the chance to enjoy basic legal and human rights | and participate fully in the political life of their countries.

There are some who question the reason for this conference. Let them listen to the voices of women in their homes, neighborhoods, and workplaces. There are some who wonder whether the lives of women and girls matter | to economic and political progress around the globe. Let them look at the women gathered here and at Huairou... | the homemakers, nurses, teachers, lawyers, policymakers, | and women who run their own businesses. It is conferences like this, | that compel* governments and peoples everywhere | to listen, look and face the world's most pressing* problems.

| common ground 공통점, 공통의 기반 compel 억지로 ~하게 만들다, 강요하다 pressing 긴급한

우리가 아무리 다르게 보이더라도, 우리를 갈라놓는 것보다는 하나로 묶어 주는 것이 훨씬 더 많습니다. 우리는 공통의 미래를 공유하고 있습니다. 우리가 여기 모인 이유도 공통점을 찾아 전 세계 여성들과 소녀들이 새로이 존엄성과 존중을 누리고, 이를 통해 가정에도 새로운 힘과 안정을 가져다주는 데 힘을 보태기 위함입니다.

이렇게 베이징에 모여서 우리는 여성과 가족의 삶에서 가장 중요한 문제인 교육받을 기회, 의료 서비스를 받을 기회, 일할 기회, 신용거래를 할 수 있는 기회, 법에 명시된 기본 인권을 누리며 자신이 속한 나라의 정치에 온전히 참여할 수 있는 기회에 전 세계 이목을 집중시키고 있습니다.

이 회의를 개최하는 이유에 의문을 제기하는 사람들이 있습니다. 그들이 자신들의 가정, 이웃, 일터에 있는 여성들의 목소리에 귀 기울이도록 합시다. 전 세계의 경제적·정치적 발전과, 여성과 소녀들의 삶이 어떤 관련이 있는지 궁금해 하는 이들도 있습니다. 그들에게 여기, 그리고 화이러우에 모인 여성들… 주부, 간호사, 교사, 변호사, 정책 입안자, 그리고 사업체를 운영하는 여성들을 보여 줍시다. 이런 회의를 통해 전 세계 정부와 국민들은 세계에서 가장 시급한 문제들에 귀 기울이고, 바라보고, 직면하게 됩니다.

Wasn't it after the women's conference in Nairobi ten years ago ι that the world focused for the first time on the crisis of domestic violence?

Earlier today, I participated in a World Health Organization forum, ι where government officials, NGOs, and individual citizens are working on ways ι to address˙ the health problems of women and girls. Tomorrow, I will attend a gathering of the United Nations Development Fund for Women. There, the discussion will focus on local and highly successful programs ι that give hard-working women access to credit ι so they can improve their own lives and the lives of their families.

What we are learning around the world ι is that, ι if women are healthy and educated, their families will flourish˙. If women are free from violence, ι their families will flourish. If women have a chance to work and earn ι as full and equal partners in society, ι their families will flourish. And when families flourish, ι communities and nations will flourish. That is why ι every woman, every man, every child, every family, and every nation on our planet ι has a stake˙ in the discussion that takes place here.

| address (문제, 상황 등에 대해) 고심하다, 다루다 flourish 번창하다 stake 관련, 이해관계

10년 전 나이로비에서 열렸던 여성회의 이후, 전 세계가 처음으로 가정 폭력의 심각성에 주목하지 않았습니까?

오늘 저는 세계보건기구 포럼에 참석했습니다. 이 포럼은 정부 관리들과 비정부기구, 시민들이 여성과 소녀들의 건강 문제에 대해 고심하는 자리였죠. 내일은 유엔 여성개발기금 회의에 참석합니다. 그 회의에서는 열심히 일하는 여성들이 대출을 받을 수 있게 하여 자신과 가족의 삶이 나아질 수 있도록 돕는 매우 성공적인 지역 프로그램에 대해 집중적으로 논의할 것입니다.

우리가 전 세계적으로 배우고 있는 것은 여성이 건강하고 교육을 받으면 그 가족이 번영한다는 것입니다. 여성이 가정 폭력을 겪지 않으면 그 가족이 번영한다는 것입니다. 여성이 사회에서 완전하고 평등한 동반자로서 일하고 돈 벌 기회를 얻으면 그 가족이 번영한다는 것입니다. 그리고 가족이 번영하면 공동체와 국가도 번영할 것입니다. 이러한 이유로 이 지구상의 모든 여성과 남성, 모든 아이, 모든 가족, 모든 나라가 이곳에서 이루어지는 논의와 관련이 있는 것입니다.

Over the past 25 years, I have worked persistently on issues relating to women, children, and families. Over the past two-and-a-half years, I have had the opportunity to learn more about the challenges facing women in my own country and around the world.

I have met new mothers in Indonesia, who come together regularly in their village to discuss nutrition, family planning, and baby care. I have met working parents in Denmark who talk about the comfort they feel in knowing that their children can be cared for in safe and nurturing after-school centers.

I have met women in South Africa who helped lead the struggle to end apartheid* and are now helping build a new democracy. I have met with the leading women of the Western Hemisphere* who are working every day to promote literacy and better health care for the children of their countries.

| apartheid 아파르트헤이트(예전 남아프리카공화국의 인종 차별 정책) hemisphere (지구의) 반구

저는 지난 25년 동안 여성과 아이들, 가정과 관련한 문제를 해결하기 위해 지속적으로 노력해 왔습니다. 지난 2년 반 동안 저는 미국과 전 세계 여성들이 겪고 있는 어려움에 대해 더 많이 배울 기회를 얻었습니다.

저는 인도네시아에서 갓 출산한 여성들을 만났는데, 그들은 정기적으로 마을에 모여 영양과 가족계획, 그리고 육아에 대해 의논하고 있었습니다. 덴마크에서 만난 맞벌이 부모들은 자녀들이 안전한 방과후 돌봄 센터에서 보살핌을 받을 수 있다는 안도감에 관해 이야기했습니다.

남아프리카공화국에서 만난 여성들은 인종 차별 정책을 철폐하기 위한 투쟁을 이끌었고 이제는 새로운 민주주의를 세우는 데 힘을 보태고 있습니다. 서반구에서 만난 주도적인 여성들은 자국의 어린이들을 위한 문해력 향상과 더 나은 의료 제공을 위해 매일 노력하고 있습니다.

I have met women in India and Bangladesh who are taking out small loans to buy milk cows, rickshaws*, thread and other materials to create a livelihood* for themselves and their families. I have met doctors and nurses in Belarus and Ukraine who are trying to keep children alive in the aftermath* of Chernobyl.

The great challenge of this conference is to give voice to women everywhere whose experiences go unnoticed, whose words go unheard. Women comprise more than half the world's population. Women are 70 percent of the world's poor, and two-thirds of those who are not taught to read and write.

Women are the primary caretakers for most of the world's children and elderly. Yet much of the work we do is not valued—not by economists, not by historians, not by popular culture, not by government leaders.

At this very moment, as we sit here, women around the world are giving birth, raising children, cooking meals, washing clothes, cleaning houses, planting crops, working on assembly lines, running companies, and running countries.

| rickshaw 인력거 livelihood 생계 aftermath 여파, 후유증

인도와 방글라데시에서 만난 여성들은 자신과 가족들의 생계비 마련을 위해 소액의 대출을 받아 젖소와 인력거, 실, 그리고 다른 재료들을 삽니다. 벨라루스와 우크라이나에서 만난 의사와 간호사들은 체르노빌 원전 사고의 여파 속에서 어린이들의 생명을 구하기 위해 고군분투하고 있습니다.

이 회의의 가장 큰 도전은 경험이 무시당하고 의견이 묵살당하는 전 세계 여성들이 목소리를 낼 수 있게 하는 것입니다. 여성은 전 세계 인구의 절반 이상을 차지합니다. 전 세계 빈민의 70%가 여성이며, 읽고 쓰는 법을 배우지 못하는 이들의 3분의 2가 여성입니다.

전 세계 거의 모든 어린이와 노인은 여성의 보살핌을 받습니다. 하지만 경제학자, 역사학자, 대중문화, 정부 지도자들은 우리 여성들이 하는 일 상당 부분에 대해 그 가치를 인정하지 않습니다.

우리가 여기 앉아 있는 지금 이 순간에도 전 세계 곳곳에서 여성들은 아기를 낳고 자녀를 돌보고 음식을 만들고 빨래를 하고 집을 청소하고 작물을 심고 공장 조립 라인에서 일하고 회사를 운영하고 국정을 운영하고 있습니다.

Women also are dying from diseases that should have been prevented or treated; they are watching their children succumb to˙malnutrition˙ caused by poverty and economic deprivation˙; they are being denied the right to go to school by their own fathers and brothers; they are being forced into prostitution, and they are being barred from the ballot box˙ and the bank lending˙office.

Those of us who have the opportunity to be here have the responsibility to speak for˙those who could not. As an American, I want to speak up for˙women in my own country—women who are raising children on the minimum wage, women who can't afford health care or child care, women whose lives are threatened by violence, including violence in their own homes.

I want to speak up for mothers who are fighting for good schools, safe neighborhoods, clean air and clean airwaves... for older women, some of them widows, who have raised their families and now find that their skills and life experiences are not valued in the workplace... for women who are working all night as nurses, hotel clerks, and fast food chefs so that they can be at home during the day with their kids...

---

succumb to (병)으로 쓰러지다, ~에 굴복하다 malnutrition 영양실조 deprivation (필수적인 것의) 박탈, 부족 ballot box 투표함, 투표 제도 lending 대출 speak for ~를 대변하다 speak up for ~를 강력히 옹호[지지]하다

또한 여성들은 충분히 예방하고 치료할 수 있었던 질병으로 죽어 가고 있고, 빈곤과 경제적 박탈로 인해 자녀들이 영양실조로 쓰러지는 것을 지켜보고 있으며, 자신의 아버지와 남자 형제들의 반대로 교육받을 권리를 박탈당하고 있습니다. 여성들은 강제로 성매매 현장으로 내몰리고 있으며, 투표할 기회를 얻지 못하고 은행에서 대출도 받지 못하고 있습니다.

이 회의에 참석할 기회를 가진 분들에게는 그렇지 못한 분들을 대변할 책임이 있습니다. 저는 미국인으로서 제 나라의 여성들을 위해 목소리를 높이고 싶습니다. 최소 임금으로 자녀를 양육하고 있는 여성들, 의료나 육아를 감당할 경제적 능력이 없는 여성들, 가정 폭력을 비롯한 폭력으로 삶의 위협을 받고 있는 여성들을 위해서 목소리를 높이고 싶습니다.

좋은 학교, 안전한 동네, 맑은 공기, 건전한 방송을 위해 투쟁하는 어머니들을 위해 목소리를 높이고 싶습니다. 가족을 보살피다가 뒤늦게 자신들의 기술과 경력이 직장에서 인정받지 못한다는 것을 알게 된 나이 든 여성들, 그중에는 남편과 사별한 여성들도 있습니다, 그 여성들을 위해 목소리를 높이고 싶습니다. 낮에 자녀들과 집에서 시간을 보내기 위해 매일 밤 간호사, 호텔 직원, 패스트푸드 조리사로 일하는 여성들을 위해 목소리를 높이고 싶습니다.

and for women everywhere who simply don't have time ǀ to do everything they are called upon to do each day.

Speaking to you today, I speak for them, ǀ just as each of us speaks for women around the world ǀ who are denied the chance to go to school, or see a doctor, or own property, ǀ or have a say* about the direction of their lives, ǀ simply because they are women.

The truth is ǀ that most women around the world work both inside and outside the home, ǀ usually by necessity*. We need to understand ǀ that there is no one formula ǀ for how women should lead their lives. That is why we must respect the choices ǀ that each woman makes for herself and her family. Every woman deserves the chance to realize her God-given potential.

We also must recognize ǀ that women will never gain full dignity ǀ until their human rights are respected and protected. Our goals for this conference, ǀ to strengthen families and societies by empowering* women ǀ to take greater control over their own destinies, ǀ cannot be fully achieved ǀ unless all governments— here and around the world—accept their responsibility to protect and promote ǀ internationally recognized human rights.

ǀ have a say 발언하다 by necessity 필요에 의해, 불가피하게 empower 권한을 주다

그리고 매일 쏟아지는 일들을 전부 감당해 내기에는 시간이 부족한
전 세계 모든 여성들을 위해 목소리를 높이고 싶습니다.

오늘 이 자리에서 저는 그들을 대신해서 이야기하는 것입니다. 단지
여성이라는 이유로 교육받을 기회, 병원에서 치료받을 기회, 재산을
소유할 기회, 자기 삶의 방향에 대해 발언할 기회를 박탈당하는
전 세계 여성들을 대변해서 여기 모인 우리 각자가 이야기하는 것과
마찬가지입니다.

사실 전 세계 여성들 대부분은 대개 필요에 의해 어쩔 수 없이 집
안팎에서 일을 합니다. 우리는 여성이 어떻게 살아야 하는지에 대해
정해진 공식은 없다는 걸 이해해야 합니다. 그렇기 때문에 우리는
한 여성이 자신과 가족을 위해 내린 결정을 반드시 존중해야 합니다.
모든 여성은 신이 부여한 잠재력을 실현할 기회를 마땅히 누려야
합니다.

또한 우리는 여성의 인권이 존중되고 보호되지 않는 한, 여성이 온전한
존엄성을 가질 수 없다는 점을 인식해야 합니다. 여기 중국 정부를
비롯한 전 세계 모든 정부가 국제적으로 인정된 인권을 보호하고
증진해야 한다는 책임을 받아들이지 않는 한, 이 회의의 목표,
즉 여성이 자신의 운명에 더 주도권을 가질 수 있도록 힘을 실어
주어 가정과 사회를 더 튼튼하게 만들려는 목표는 온전히 달성될 수
없습니다.

The international community has long acknowledged—
and recently reaffirmed at Vienna—that both women and men
are entitled ⏐ to a range of protections and personal freedoms, ⏐
from the right of personal security ⏐ to the right to determine
freely the number and spacing of the children they bear.
No one should be forced to remain silent ⏐ for fear of religious
or political persecution*, ⏐ arrest, abuse or torture.

Tragically, women are most often the ones ⏐ whose human
rights are violated. Even in the late 20th century, ⏐ the rape
of women continues to be used as an instrument of armed
conflict. Women and children make up a large majority of the
world's refugees. And when women are excluded from the
political process, ⏐ they become even more vulnerable* to abuse.

I believe that, on the eve of a new millennium, ⏐ it is time to
break our silence. It is time for us to say here in Beijing, ⏐ and
for the world to hear, ⏐ that it is no longer acceptable to discuss
women's rights ⏐ as separate from human rights. These abuses
have continued because, for too long, ⏐ the history of women
has been a history of silence. Even today, there are those who
are trying to silence our words.

⏐ persecution 박해 vulnerable 취약한

국제 사회는 개인적 안전에 대한 권리부터 자녀의 수와 출산 간격을 자유롭게 결정할 수 있는 권리에 이르기까지 여성과 남성 모두가 다양하게 보호받고 개인적 자유를 누릴 자격이 있다는 점을 오래전부터 인정해 왔고, 최근 비엔나 선언을 통해 그 입장을 재확인했습니다. 그 누구도 종교나 정치적 박해, 체포, 학대나 고문의 두려움 때문에 침묵을 강요받아서는 안 됩니다.

비극적이게도, 인권 침해를 가장 자주 당하는 대상은 여성들입니다. 심지어 지금 20세기 말에도 여전히 여성 성폭행이 무력 분쟁의 도구로 사용되고 있습니다. 전 세계 난민의 대다수는 여성과 어린이입니다. 여성들이 정치 과정에서 배제되면 그들은 학대에 훨씬 더 취약해집니다.

새 천 년을 바로 앞둔 지금, 우리 여성들이 침묵을 깨야 할 때입니다. 우리는 이곳 베이징에서, 전 세계가 들을 수 있도록 말해야 합니다. 여성의 권리를 인간의 권리와 분리하여 논의하는 것은 더 이상 허용될 수 없다고 말해야 합니다. 이런 학대가 유지되어 온 이유는 너무나 오랫동안 여성의 역사가 침묵의 역사였기 때문입니다. 심지어 오늘날에도 우리를 침묵시키려는 이들이 있습니다.

The voices of this conference and of the women at Huairou ׀ must be heard loud and clear:

It is a violation of human rights ׀ when babies are denied food, or drowned, or suffocated, or their spines broken, ׀ simply because they are born girls.

It is a violation of human rights ׀ when women and girls are sold into the slavery of prostitution for human greed—and the kinds of reasons that are used to justify this practice ׀ should no longer be tolerated.

It is a violation of human rights ׀ when women are doused˙ with gasoline, set on fire and burned to death ׀ because their marriage dowries˙ are deemed too small.

It is a violation of human rights ׀ when individual women are raped in their own communities ׀ and when thousands of women are subjected to˙ rape ׀ as a tactic˙ or prize of war.

It is a violation of human rights ׀ when a leading cause of death worldwide among women ages 14 to 44 ׀ is the violence they are subjected to ׀ in their own homes by their own relatives.

> douse (액체를 흠뻑) 붓다 marriage dowry 결혼 지참금 be subjected to ~를 당하다
> tactic 전략, 전술

이 회의에서 나오는 목소리, 그리고 화이러우에 모인 여성들의
목소리는 반드시 크고 분명하게 전달되어야 합니다.

단지 여자로 태어났다는 이유로 아기를 굶기거나, 물에 빠뜨려
죽이거나, 질식사시키거나, 척추를 부러뜨리는 것은 인권 유린입니다.

인간의 탐욕 때문에 여성과 소녀 들이 매춘의 노예로 팔려 가는
것은 인권 유린이며, 이러한 관행을 정당화하는 이유는 그 무엇도
용납해서는 안 됩니다.

결혼 지참금이 너무 적다는 이유로 여성에게 휘발유를 뿌리고 불태워
죽이는 것은 인권 유린입니다.

여성이 자신이 속한 공동체에서 성폭행을 당하고, 수천 명의 여성이
전략상의 이유나 전리품으로 강간당하는 것은 인권 유린입니다.

전 세계적으로 열네 살에서 마흔네 살 사이 여성의 주요 사망 원인은
친족에 의해 자행되는 가정 폭력이며, 이는 인권 유린입니다.

It is a violation of human rights ǀ when young girls are brutalized* ǀ by the painful and degrading* practice of genital mutilation*.

It is a violation of human rights ǀ when women are denied the right to plan their own families, ǀ and that includes being forced to have abortions ǀ or being sterilized* against their will.

If there is one message that echoes forth from this conference, ǀ let it be that human rights are women's rights. And women's rights are human rights. Once and for all*.

Let us not forget ǀ that among those rights are the right to speak freely. And the right to be heard. Women must enjoy the right to participate fully ǀ in the social and political lives of their countries ǀ if we want freedom and democracy to thrive and endure.

It is indefensible* ǀ that many women in non-governmental organizations who wished to participate in this conference ǀ have not been able to attend—or have been prohibited from fully taking part.

---

brutalize 짐승 취급하다, 잔인하게 다루다 degrading 모멸적인, 품위를 떨어뜨리는 genital mutilation 생식기의 절제, 할례 sterilize 불임 시술을 하다, 살균[소독]하다 once and for all 완전히, 최종적으로 indefensible (도덕적으로 용납이 안 되므로) 변명[옹호]의 여지가 없는

어린 소녀들이 고통스럽고 모멸감을 느끼는 할례라는 관행으로
잔인하게 학대받는 것은 인권 유린입니다.

여성으로부터 자녀 출산을 계획할 권리를 빼앗고 낙태를 강요하거나
불임 시술을 강요하는 것은 인권 유린입니다.

이 회의에서 울려 퍼지는 하나의 메시지가 있다면 그것은 바로 인간의
권리는 곧 여성의 권리이고, 여성의 권리는 곧 인간의 권리라는
것입니다. 이제 이 사실을 분명히 합시다.

그런 권리에는 자기 생각을 자유롭게 말할 권리, 그리고 자기 생각을
전할 권리가 포함돼 있음을 잊지 말아야 합니다. 자유와 민주주의가
번영하고 존속하기를 바란다면, 여성들이 그 나라의 사회적·정치적
삶에 오롯이 참여할 권리를 누릴 수 있어야 합니다.

이 회의에 참석하기를 희망했던 비정부기구 소속의 많은 여성들이
결국 참석하지 못했거나 부분적으로만 참여할 수 있었다는 것은
변명의 여지가 없는 일입니다.

Let me be clear. Freedom means the right of people to assemble, organize, and debate openly. It means respecting the views of those who may disagree with the views of their governments. It means not taking citizens away from their loved ones and jailing them, mistreating them, or denying them their freedom or dignity because of the peaceful expression of their ideas and opinions.

In my country, we recently celebrated the 75th anniversary of women's suffrage. It took 150 years after the signing of our Declaration of Independence for women to win the right to vote. It took 72 years of organized struggle on the part of many courageous women and men. It was one of America's most divisive philosophical wars. But it was also a bloodless war. Suffrage was achieved without a shot fired.

We have also been reminded, in V-J Day observances last weekend, of the good that comes when men and women join together to combat the forces of tyranny and build a better world. We have seen peace prevail in most places for a half century. We have avoided another world war.

mistreat 학대[혹사]하다 suffrage 참정권, 투표권 V-J Day 제2차 세계 대전의 대일본 전승 기념일
observance (축제나 생일의) 축하, 기념 prevail 우세하다, 이기다, 만연하다

분명히 말씀드리겠습니다. 자유란 사람들이 공개적으로 모여 어떤 일을 조직하고 토론할 수 있는 권리를 뜻합니다. 자유란 정부의 견해에 동의하지 않는 사람들의 견해를 존중하는 것을 뜻합니다. 자유란 자신의 생각과 의견을 평화로운 방법으로 표현했다는 이유로 시민을 사랑하는 사람들로부터 떼어내 감옥에 가두거나 학대하거나 자유와 존엄성을 박탈하지 않는 것을 뜻합니다.

얼마 전, 제 나라 미국에서는 여성의 참정권 쟁취 75주년을 기념했습니다. 미국 독립선언서가 서명된 후 여성이 투표권을 획득하기까지 150년이 걸렸습니다. 수많은 용감한 여성들과 남성들이 72년간 조직적으로 투쟁을 이어 온 결과입니다. 이 투쟁은 미국 역사상 가장 큰 분열을 초래한 철학적 투쟁 중 하나였습니다. 그러나 무혈 투쟁이기도 했습니다. 총 한 발 쏘지 않고 여성들의 참정권을 얻어낸 것입니다.

또한 우리는 지난 주말 대일 전승 기념일 행사에서 남성과 여성이 힘을 합쳐 압제에 맞서 싸우고 더 나은 세상을 만들 때 선한 결과가 따른다는 것을 깨달았습니다. 지난 반세기 동안 우리는 대부분의 지역에서 평화가 우세한 것을 보아 왔습니다. 또 다른 세계 대전은 피했습니다.

But we have not solved older, deeply-rooted problems
that continue to diminish* the potential of half the world's
population. Now it is time to act on behalf of women
everywhere.

If we take bold steps to better the lives of women, we will be
taking bold steps to better the lives of children and families
too. Families rely on mothers and wives for emotional
support and care; families rely on women for labor in the
home; and increasingly, families rely on women for income
needed to raise healthy children and care for other relatives.

As long as discrimination and inequities* remain so
commonplace around the world—as long as girls and women
are valued less, fed less, fed last, overworked, underpaid,
not schooled and subjected to violence in and out of their
homes—the potential of the human family to create a peaceful,
prosperous world will not be realized.

| diminish 약화시키다, 깎아내리다 inequity 불공평

하지만 우리는 오랜 세월 깊이 뿌리내린 문제, 전 세계 인구 절반의 잠재력을 계속해서 약화시키고 있는 문제는 아직 해결하지 못했습니다. 이제는 전 세계 모든 여성을 대신해 행동에 나설 때입니다.

우리가 여성들이 더 나은 삶을 살 수 있도록 과감히 조치한다면, 자녀와 가족이 더 나은 삶을 살 수 있도록 과감한 조치를 하게 될 것입니다. 가족은 정서적 지지와 보살핌에 있어서 어머니와 아내에게 의존하고, 가사에 있어서 여성에게 의지합니다. 그리고 가정은 아이들을 건강하게 기르고 친척들을 부양하는 데 여성의 소득에 점점 더 의지하고 있습니다.

차별과 불평등이 세계 곳곳에 만연하는 한, 즉 소녀와 여성을 남자보다 덜 소중한 존재로 취급하며 더 적게 먹이고 남은 음식만 준다면, 일을 과하게 시키면서 낮은 임금을 준다면, 교육에서 소외시키고 가정 안팎에서 폭력을 당하게 한다면, 평화와 번영의 세상을 만들어 낼 수 있는 인류의 잠재력은 실현되지 않을 것입니다.

Let this conference be our—and the world's—call to action. And let us heed* the call ı so that we can create a world in which every woman is treated with respect and dignity, ı every boy and girl is loved and cared for equally, ı and every family has the hope of a strong and stable future.

That is the work before you. That is the work before all of us ı who have a vision of the world we want to see ı for our children and our grandchildren.

The time is now. We must move beyond rhetoric. We must move beyond recognition of problems to working together, ı to have the common efforts ı to build that common ground we hope to see.

God's blessing on you, your work, ı and all who will benefit from it. Godspeed and thank you very much.

| heed (남의 충고나 경고에) 주의를 기울이다

이 회의가 행동을 촉구하는 우리의, 그리고 세계의 외침이 되게 합시다. 우리가 이 외침에 귀를 기울여서 모든 여성이 존중받고 존엄성을 인정받는 세상, 모든 소년 소녀가 동등하게 사랑받고 보살핌을 받는 세상, 모든 가정이 튼튼하고 안정된 미래에 대한 희망을 갖는 세상을 만들어 낼 수 있도록 합시다.

그것이 여러분 앞에 놓인 일입니다. 바로 그것이 자녀와 손주들에게 물려주고 싶은 세상에 대한 비전을 가진 우리가 해야 할 일입니다.

지금이 바로 그때입니다. 미사여구를 넘어서야 합니다. 단지 문제를 인식하는 것을 넘어서서 협력하고, 우리가 바라는 공통의 기반을 마련할 수 있도록 공동의 노력을 기울여야 합니다.

여러분과 여러분이 하시는 일, 그리고 그 일로 혜택을 누리실 모든 분들께 신의 축복을 기원합니다. 신의 가호를 빌며, 대단히 감사합니다.

음원으로 듣기

'우리'라는 이름으로 교감을 시도하다

자기가 좋아하는 사람의 말을 신뢰하는 게 인간 본성입니다. 연설자가 청중의 마음을 사로잡으려고 노력하는 이유죠. 사람의 마음을 어떻게 사로잡을 수 있을까요? 상대방을 닮으면 됩니다. 아리스토텔레스 이후 가장 뛰어난 수사학자라는 칭송을 받는 케네스 버크Kenneth Burke는 어떤 사람을 설득하려면 말투, 제스처, 태도 등을 그 사람과 동일시하여 그 사람처럼 말할 수 있어야 한다고 합니다. 이는 우리가 누군가를 처음 만나 친해지려고 할 때, 상대방과 나의 공통점을 찾으려 애쓰는 과정과도 비슷합니다.

> *We come together* in fields and in factories. (...) And time and again, *our talk turns to our children and our families.*
> 우리는 들판과 공장에서 **모입니다**. (…) 그리고 늘 그렇듯 우리의 대화 주제는 아이들과 가족으로 넘어가죠.

힐러리도 연설 초반부에 청중과 닮은 점 찾기에 집중합니다. 문화와 종교 등 많은 것이 다른 전 세계 모든 여성과 '성性'이라는 공통점을 찾아 '우리we'로 묶지요. 그리고 삼삼오오 모이는come together 여성의 일상을

긴 호흡으로 설명합니다. 선진국의 커리어우먼을 연상시키는 회의실과 저개발국의 전업주부를 연상시키는 빨래터를 대조적으로 언급하며, 어느 곳에 있든 사회적 위치와 환경은 달라도 자녀와 가족에 대해 얘기하는 것이 '우리 여성'의 공통점이라고 합니다.

하지만 이러한 공감의 언어만으로는 모든 청중의 마음을 열기는 어렵습니다. 여성 인권을 둘러싼 회의 자체가 과연 의미가 있느냐는 회의론이 여전했기 때문입니다.

1991년 소련의 붕괴로 반세기에 걸친 냉전이 종료되자 여기저기서 국제회의가 열립니다. 힐러리가 연단에 섰던 세계여성회의보다 불과 2년 앞서 오스트리아 빈(비엔나)에서 개최된 유엔 인권회의는 171개국 대표가 모였으나 인권을 어떻게 정의하고 어디까지 보호해야 하느냐는 기본적인 것부터 견해 차이를 보였습니다. 인권조차 제대로 논의되기 힘든 상황에서, 그보다 더 좁은 개념의 여성 인권을 논하는 회의를 두고 당시에 얼마나 냉소적이었을까요? 미국에서조차 '반가족, 반미 집단이 모인 축제'라고 여성회의를 공개적으로 비아냥거리는 의원이 있었으니, 이 세계여성회의 참석자들도 그 냉소를 온몸으로 느꼈을 겁니다. 분명, '우리가 모여서 얘기한다고 세상은 달라지지 않는다'며 체념한 사람들도 있었겠죠.

By gathering in Beijing, we are focusing world attention on issues that matter most in the lives of women and their families (...) It is conferences like this that compel governments and peoples everywhere to listen, look and face the world's most pressing problems. Wasn't it after the women's conference in Nairobi ten years ago that the world focused for the first time on the crisis of domestic violence?

이렇게 베이징에 모여서 우리는 여성과 가족의 삶에서 가장 중요한 문제에 전 세계 이목을 집중시키고 있습니다. (…) 이런 회의를 통해 전 세계 정부와 국민들은 세계에서 가장 시급한 문제들에 귀 기울이고, 바라보고, 직면하게 됩니다. 10년 전 나이로비에서 열렸던 여성회의 이후 전 세계가 처음으로 가정 폭력의 심각성에 주목하지 않았습니까?

이들에게 힐러리가 말합니다. 베이징에서 열린 이 회의에 여러 나라 정부 인사를 포함해 약 4만 명이 참석했고, 이렇게 많은 사람들이 한자리에 모이는 것만으로도 세상은 여성 문제에 관심을 갖게 된다고 강조합니다. 이곳 세계여성회의에 모였다는 사실 자체가 큰 의미라는 것이죠. 그리고 구체적인 사례로써 그 주장에 설득력을 더합니다. 나이로비에서 열렸던 여성회의를 통해 전 세계가 처음으로 가정 폭력에 눈을 떴다고 말이죠.

상대의 마음을 움직이려면 이롭다는 것을 증명하라

If women have a chance to work and earn as full and equal partners in society, their families will flourish. And when families flourish, communities and nations will flourish.

여성이 사회에서 완전하고 평등한 동반자로서 일하고 돈 벌 기회를 얻으면 그 가족이 번영한다는 것입니다. 그리고 가족이 번영하면 공동체와 국가도 번영할 것입니다.

아리스토텔레스는 연설을 세 종류로 나눕니다. 조언deliberative, 변론 forensic, 선전epideictic. 그중 조언의 연설에는 권유와 만류가 있다고 하며, 무언가 권유할 때는 그것이 더 이롭다는 것을 증명해야 한다고 합니다. 힐러리는 이 원칙을 따릅니다.

그녀는 여성도 남성과 같은 인권을 누려야 한다고 주장합니다. 이 주장의 근거로 윤리나 감정에 기대지 않습니다. 오직 실질적인 이득을 논합니다. 상식과 논리를 갖춘 사람이라면 나라가 잘살기 위해서는 그 나라를 구성하는 공동체가 건강해야 하고 공동체가 건강해지려면 가족이, 가족이 건강해지려면 여성이 건강해야 한다는 데에 동의할 것입니다. 힐러리는 바로 이 논법으로 여성 인권이 정부의 최대 관심사인 경제 성장과 직결되어 있음을 드러냅니다.

하지만 아무리 논리가 타당해도, 그것을 말하는 사람에 대한 신뢰가 없다면 그 주장은 힘을 잃습니다. 그래서 힐러리는 곧바로 자신의 권위를 세우는 전략으로 넘어갑니다.

Over the past 25 years, I have worked persistently on issues relating to women, children and families. *Over the past two-and-a-half years, I* have had the opportunity to learn more about the challenges facing women in my

own country and around the world.

저는 지난 25년 동안 여성과 아이들, 가정과 관련한 문제를 해결하기 위해 지속적으로 노력해 왔습니다. **지난 2년 반 동안 저는** 미국과 전 세계 여성들이 겪고 있는 어려움에 대해 더 많이 배울 기회를 얻었습니다.

연설자의 설득력은 그 사람의 권위에서 나옵니다. 그리고 권위는 전문성에서 나오며 전문성은 한 분야에 몸담았던 시간으로 평가되기도 하죠. 예컨대 우리는 '손짜장 20년 외길'이라고 쓰여 있는 간판에 이끌려 식당 문을 열기도 하지요. 힐러리는 20년 넘게 여성 문제를 위해 싸워 온 경력, 그리고 영부인으로서 보낸 2년 반의 기간을 언급합니다. 이 분야의 전문성을 부각시키죠. 여성과 가족 문제에서 전문가라는 것, 그리고 미국 대통령의 부인으로서 그 누구보다 세계 사정을 잘 안다는 인식을 청중에게 심어 주려는 전략입니다.

이후 I have met...으로 시작하는 문장들로 자신이 직접 만난 사람들과의 경험을 구체적으로 열거합니다. 경험이 구체적일수록 권위는 단단해지고 주장은 설득력을 얻게 됩니다. 힐러리의 연설에 I는 총 15번 등장합니다. 그만큼 힐러리가 자신이 쌓은 경험을 근거로, 앞으로 펼치는 주장에 무게를 실으려 했던 것 아닐까요?

위험을 감수한 중국의 계산법

중국의 수도 베이징. 힐러리가 미국 대통령 부인으로서 여성 인권에 대한 연설을 한 장소입니다. 그런데 좀 이상하지 않나요? 민주화를 요구하는 학생들을 탱크로 진압하며 전 세계를 충격에 빠뜨린 1989년 천안문 사태가 벌어진 나라, 한 가구에 한 자녀만 가질 수 있게 법으로 만들어 여아 낙태, 영아 살해라는 끔찍한 결과를 낳은 나라, 중국. 이렇게 인권 유린이 자행되는 나라에서 인권, 그것도 여성 인권을 논하는 국제회의가 열린 것입니다. 두 가지 궁금증이 생깁니다.

하나, 중국은 무슨 배짱으로 인권 운동 단체를 안방에 초대했을까요? 당시 기록에 따르면 약 35,000명의 비정부기구 인사들이 여성 인권 포럼에 참석합니다. 중국 정부는 이들이 제일 걱정되었을 겁니다. 경제적 득실을 따지며 외교에 신경 쓰는 정부 대표와 다르게 이들은 인권 운동에 진심인 사람들이기 때문이죠.

그래서였을까요? 중국 정부는 비정부기구 인사들을 유엔 회의가 열리는 베이징이 아닌, 차로 1시간 거리의 화이러우에 따로 모아 둡니다. 이를 두고 시카고 트리뷴은 1995년 8월 20일 자 기사에서 중국 정부를 비판합니다. 중국 정부가 언론 통제를 목적으로 숙소도 찾기 어려운

외곽에 비정부기구 인사들을 모아 두고, 호텔 예약 확정과 비자 승인도 고의로 지연시켜 회의 참석을 방해했다는 것입니다.

그렇다면 힐러리의 연설은 어땠을까요? 당시 뉴욕타임스의 기사에 의하면, 중국 시민들은 힐러리가 무슨 말을 했는지 전혀 알지 못했다고 합니다. 중국 공안 당국이 라디오와 텔레비전을 모두 검열했기 때문이죠. 중국 정부는 만반의 준비를 갖춘 상태로 달갑지 않은 손님을 안방으로 맞이한 것입니다.

둘, 그렇다면 굳이 왜 그런 위험을 감수했을까요? 1990년대는 새로운 국제 질서가 막 태동하던 시기였습니다. 1989년, 제2차 세계 대전 이후 서독과 동독을 가르던 베를린 장벽이 허물어지고, 1991년에는 사회주의를 이끈 소련이 붕괴했습니다. 이로써 반세기 동안 전 세계에 팽팽한 긴장감을 조성하던 냉전이 막을 내리며 전 세계 화합의 시대가 열리기 시작했습니다. 새로운 국제 질서가 탄생하기 시작한 거죠. 중국은 이 흐름에서 고립될 수 없었습니다.

당시 중국 최고 지도자 덩샤오핑鄧小平의 정치관을 잘 나타내는 말이 있습니다. 흑묘백묘黑猫白猫. 흰 고양이건 검은 고양이건 쥐만 잘

잡으면 된다는 뜻이죠. 덩샤오핑은 극좌 사회주의의 상징 마오쩌둥毛澤東과 다르게, 인민을 잘살게 하면 자본주의든 공산주의든 상관없다며 개혁개방 정책을 펼친 인물입니다. 이런 그가 1990년대의 새로운 물결을 외면할 리 없죠. 국제회의를 어떻게든 개최하여 중국을 세계에 알리고 싶어했습니다. 이런 목적이 있기에 중국은 인권 운동가들을 안방에 들이는 위험을 기꺼이 감수한 것입니다.

여성의 대출 문제를 언급하는 이유

타인에게 돈을 빌리려면 신용credit이 필요하고, 신용은 소득 또는 자산에서 나옵니다. 소득이나 자산을 만드는 방법은 크게 두 가지, 일을 하거나유산을 물려받는 것이죠. 남아 선호 사상과 가부장제가 깊이 뿌리내린나라에서 여성이 고등 교육을 받고 전문직을 갖기는 어렵습니다. 가난한나라일수록 가사와 육아는 여성의 몫이죠. 이는 결국 남녀 소득 격차로이어집니다. 힐러리는 이 연설에서 여성의 대출 문제를 꼭 집어 이야기하지 않을 수 없습니다.

> Women also are dying from diseases that should have
> been prevented or treated; they are watching their
> children succumb to malnutrition caused by poverty and
> economic deprivation; they are being denied the right to
> go to school by their own fathers and brothers; they are

being forced into prostitution, and they are being barred from the ballot box and the bank *lending* office.

또한 여성들은 충분히 예방하고 치료할 수 있었던 질병으로 죽어 가고 있고, 빈곤과 경제적 박탈로 인해 자녀들이 영양실조로 쓰러지는 것을 지켜보고 있으며, 자신의 아버지와 남자 형제들의 반대로 교육받을 권리를 박탈당하고 있습니다. 여성들은 강제로 성매매 현장으로 내몰리고 있으며, 투표할 기회를 얻지 못하고 은행에서 **대출**도 받지 못하고 있습니다.

힐러리가 이 연설을 했던 1990년대 전 세계 남녀 평균 소득 격차는 30~40%, 중동이나 아프리카는 최대 80%로 추정됩니다. 여성의 자산 소유는 어땠을까요? 2018년 유엔 보고서에 따르면 전 세계 토지 가운데 여성이 소유한 토지 비율은 20% 미만으로 추정됩니다. 90년대 여성의 토지 소유 비율이 지금보다 낮으면 낮았지 절대 높았을 리 없죠. 소득과 자산에서 배제된 여성이 은행의 신용을 얻는 것은 현실적으로 불가능합니다. 여자라는 이유로 대출이 어려운 것입니다.

대출은 중요한 문제입니다. 사우디아라비아, 이란을 비롯한 몇몇 이슬람 국가에는 '탈라크talaq'라는 것이 있습니다. 이슬람법에 따르면 남성이 아내와 이혼하고 싶으면 간단히 '탈라크'를 세 번 말하면 이혼이 됩니다. 일부다처제가 존재하는 사우디아라비아에서 여성은 상당히 무력한 존재입니다. 은행 계좌 개설, 병원 치료, 교육기관 입학에 남성의 허락이 필요합니다. 만일 이혼한 여성에게 아버지와 남자 형제마저 없다면, 십 대 아들에게 허락을 받아야 하는 상황도 생길 수 있습니다. 또한 아들을 낳지 못하여 이혼당한 여성이나 남편과 사별한 여성은 소득과 자산이 없다면, 쫓겨난 딸을 어떻게 양육할 수 있을까요? 딸이 아파도 병원에 갈수 없다면 엄마가 할 수 있는 것은 우는 아이를 바라보는 것뿐입니다.

"존재하지 않는 남자의 허락 없이 파티마가 의학적 치료를 받을 방법은 없다. 오직 남자가 없다는 어처구니없는 이유로 파티마는 죽게 될 것이다."• BBC 최고 언론인 수 로이드 로버츠Sue Lloyd-Roberts는 자신의 저서 『여자 전쟁The War on Women』에서 거대한 여성 감옥이라 불리는 사우디아라비아라는 나라에서 남성 없는 여성의 삶이 얼마나 처참할 수 있는지 생생히 전합니다. 남자 없이는 일하러 집을 나갈 수조차 없는 여성을 두고 '정체성을 잃은 사람'으로 묘사하지요.

이렇게 여성의 경제적 독립을 가로막는 장벽들은 곧 여성의 생존과 직결된 문제입니다. 바로 이런 이유로 힐러리는 대출과 관련된 단어 credit, loan, lending를 네 번이나 언급합니다. 연설 초반부에 자신이 유엔 여성개발기금 회의에 참석한다는 것, 그리고 그 주제가 여성의 대출이라는 점을 언급할 정도로 여성의 대출을 중요한 문제로 인식하고 이를 청중에게 알리기 위해 노력한 것이죠.

자유와 평등의 나라 미국 또한 1963년에야 평등임금법이 발효되면서 여성도 남성처럼 은행에서 계좌를 개설할 수 있었습니다. 당시 은행은 여성의 대출 원금 회수 위험을 크게 평가하여 여성에게는 남성보다 더 높은 이자율을 적용했습니다. 소득을 평가할 때는 실질 소득의 절반만 인정했고, 대출 승인을 해도 남성의 서명을 요구했다고 합니다.

• 『여자 전쟁』, 수 로이드 로버츠, 심수미 옮김, 클, 2019.

이성과 감성을 동원하다

통계나 합의서처럼 차갑지만 객관적인 근거로 청중의 이성에 호소한 후, 따뜻하고 감성적인 말로 마음을 움직이는 것. 연설자들은 이 방법을 자주 사용합니다. 설득력이 크기 때문이죠. 힐러리도 남성과 여성의 인구 비율, 빈곤율, 교육률을 나열하며 여성이 차별당하고 있는 현실을 객관적 통계로 제시합니다. 그리고 생생한 묘사와 함께 감성적인 터치를 가하며 청중의 마음을 움직이기 시작합니다.

Women comprise more than half the world's population. Women are 70 percent of the world's poor, and two-thirds of those who are not taught to read and write. Women are the primary caretakers for most of the world's children and elderly. Yet much of the work we do is not valued—not by economists, not by historians, not by popular culture, not by government leaders.

여성은 전 세계 인구의 절반 이상을 차지합니다. 전 세계 빈민의 70%가 여성이며, 읽고 쓰는 법을 배우지 못하는 이들의 3분의 2가 여성입니다. 전 세계 거의 모든 어린이와 노인은 여성의 보살핌을 받습니다. 하지만 경제학자, 역사학자, 대중문화, 정부 지도자들은 우리 여성들이 하는 일 상당 부분에 대해 그 가치를 인정하지 않습니다.

그러고 나서 아기를 낳고 집안일과 밭일을 하며 가계를 책임지는 억척스러운 여성, 그리고 경제권이 없어 사랑하는 자녀가 죽어 가는 모습을 지켜만 봐야 하는 무기력한 여성을 등장시킵니다. 이 두 부류의 여성들을 대비시키며 여성이 얼마나 존중받지 못하는가를 극적으로 드러냅니다. 객관적인 숫자(이성)에서 출발해, 청중이 눈앞에 그릴 수 있는 생생한 장면(감성)으로 나아가는 수사 전략입니다.

힐러리는 여기서 멈추지 않습니다. 이제는 그 여성들을 대신해 누군가 목소리를 내야 한다고 말합니다.

> Those of us who have the opportunity to be here have the responsibility to *speak for those* who could not. As an American, I want to *speak up for women* in my own country—women who are raising children on the minimum wage, women who can't afford health care or child care, women whose lives are threatened by violence, including violence in their own homes.
>
> 이 회의에 참석할 기회를 가진 분들에게는 그렇지 못한 분들을 **대변할 책임**이 있습니다. 저는 미국인으로서 제 나라의 **여성들을 위해 목소리를 높이고** 싶습니다. 최소 임금으로 자녀를 양육하고 있는 여성들, 의료나 육아를 감당할 경제적 능력이 없는 여성들, 가정 폭력을 비롯한 폭력으로 삶의 위협을 받고 있는 **여성들을 위해서 목소리를 높이고** 싶습니다.

힐러리가 설득하려는 대상은 누구일까요? 먼저 전 세계 여성들입니다. 인권 유린의 오랜 침묵에 마침표를 찍으려면 여성이 '자신의 목소리를 내야 한다'고 주장합니다. 힐러리는 이 연설에서 speak을 여섯 번 반복하며 여성을 침묵에서 깨웁니다. 그리고 회의에 참석한 이들에게 women이라는 단어는 세 문장에서 아홉 번을 반복하며 이 자리에 참여하지 못한 여성들을 대신하여 목소리를 내 달라고 호소합니다. 그다음 목표는 정부입니다. 개인의 의지만으로 쉽게 변하지 않는 제도와 관습을 바꾸려면 정부가 움직여야 합니다.

> *Every woman deserves the chance to realize her God-given potential.* (...) Our goals for this conference, to strengthen families and societies by empowering women to take greater control over their own destinies, cannot be fully achieved unless all governments—here and around the world—accept their responsibility to protect and promote internationally recognized human rights. *The international community has long acknowledged—and recently affirmed at Vienna...*
>
> 모든 여성은 신이 부여한 잠재력을 실현할 기회를 마땅히 누려야 합니다. (…) 여기 중국 정부를 비롯한 전 세계 모든 정부가 국제적으로 인정된 인권을 보호하고 증진해야 한다는 책임을 받아들이지 않는 한, 이 회의의 목표, 즉 여성이 자신의 운명에 더 주도권을 가질 수 있도록 힘을 실어 주어 가정과 사회를 더 튼튼하게 만들려는 목표는 온전히 달성될 수 없습니다. 국제 사회가 오래전부터 인정해 왔고, 최근 비엔나 선언을 통해 그 입장을 재확인했습니다…

할례나 결혼 지참금처럼 오래된 관습을 한순간에 바꾸기는 어렵습니다. 하지만 정부가 법으로 금지하면 그 수를 줄일 수는 있죠. 그래야 느리게라도 사회가 옳은 방향으로 움직이니까요. 반대로 정부가 나서지 않으면 변화는 더욱 늦어질 수밖에 없습니다. 따라서 힐러리는 정부를 설득해야 합니다. 그리고 정부가 나서려면 분명한 명분이 필요합니다.

노련한 정치인 힐러리는 먼저 국익을 논합니다. 여성을 교육시키고 그들의 건강을 돌보면 가정과 나라가 발전한다는 순리를 설명하죠. 그리고 두 가지 명분을 제시하는데, 하나는 천부天賦 인권, 즉 인간의 권리는 신이 부여한 것임을 말합니다. 이슬람교, 기독교, 불교, 힌두교 등 나라마다 종교는 다르지만 신을 섬기고 있다는 공통점을 잘 노렸죠. 또 다른 명분은 합의 근거입니다. 베이징에서 세계여성회의가 열리기 불과 2년 전인 1993년, 171개 국가 대표가 빈(비엔나)에 모여 '여성도 남성과 동등한 인권을 갖고 있다'고 합의한 내용을 상기시키죠.

No one should be forced to remain silent for fear of religious or political persecution, arrest, abuse or torture.

그 누구도 종교나 정치적 박해, 체포, 학대나 고문의 두려움 때문에 침묵을 강요받아서는 안 됩니다.

앞에서 힐러리는 각국 정부가 여성 인권을 보호하고 개선할 책임이 있다고 주장합니다. 그렇다면 그 책임을 다하고 있는지를 어떻게 평가해야 할까요? 구체적인 평가 기준이 필요하겠죠. 「비엔나 선언 및 행동 계획」을 인용하여 그 약속을 상기시킵니다. 이 선언에 의하면 그 누구도 고문을 당하거나 잔인한 형벌을 당해서는 안 되고 자신의 의견을 자유롭게 표현할 권리를 침해받지 않아야 합니다. 힐러리는 이것을 평가 기준으로 제시합니다. 171개 국가의 대표들이 합의한 약속을 언급한 것이죠. 그렇다면 이 약속은 지켜지고 있을까요?

구체적 사례들로 반복하여 규탄하다

It is a violation of human rights when babies are denied food, or drowned, or suffocated, or their spines broken, simply because they are born girls.

단지 여자로 태어났다는 이유로 아기를 굶기거나, 물에 빠뜨려 죽이거나, 질식사시키거나, 척추를 부러뜨리는 것은 **인권 유린입니다**.

힐러리는 It is a violation of human rights...이라는 문장을 일곱 번 반복하며 인권 침해 사례를 연달아 언급합니다. 왜 violation이라는 단어를 사용했을까요? wrong을 사용하여 잘잘못을 따질 수도 있었을 텐데 말이죠. 사전에서 힌트를 찾을 수 있습니다. 메리엄-웹스터 사전은 violation을 '서로가 약속한 법이나 규칙을 어기는 행위the act of doing something that is not allowed by a law or rule'로 정의합니다.

힐러리가 얘기하고 싶었던 핵심이 바로 이것입니다. 여아 살해, 강제 매춘, 결혼 지참금, 가정 폭력 등이 일어나게 놔두는 것은 국제 사회와 정부의 약속 위반이라는 것이죠. 단지 그들의 가정이나 마을에서

「세계 인권 선언」을 들고 있는
애나 엘리너 루스벨트 여사(1949년, 뉴욕)

해결하게 놔둘 문제가 아니라 정부가 개입해서 없애야 할 문제라는 것을
분명하게 말하는 것입니다. 특히 결혼 지참금 문제를 언급할 때, 죄 없는
여성이 휘발유를 뒤집어쓰고 불타 죽는 고통스러운 장면을 생생히 묘사
합니다. 이는 청중에게 부당함에 대한 분노와 여성에 대한 연민을 불러
일으켜 사태의 심각성과 변화의 필요성을 자각하게 만듭니다.

> Whereas disregard and contempt for human rights have
> resulted in barbarous acts which have outraged the
> conscience of mankind...
>
> 인권 무시와 경멸이 인류의 양심을 분노케 했던 만행을 초래하였으며…

「세계 인권 선언」의 첫 문장에 담긴 구절입니다. 광기 어린 제2차 세계
대전이 끝난 후, 1948년 58개 유엔 회원국 대표들이 프랑스 파리에 모
입니다. '이런 비극이 왜 일어났는가'라는 질문의 답을 찾아보고, 인류가
같은 실수를 반복하지 않도록 합의한 것입니다. 인류 역사상 최초 인권
합의서인 세계 인권 선언이 의미심장한 문장으로 시작한 이유입니다.

시간이 흘러 1990년. 길었던 냉전이 끝나고 새로운 국제 질서가 태동하죠. 바로 이 시점에 171개 국가 대표들이 빈에 모입니다. 세계 인권 선언의 정신을 되새기고 구체적인 행동 계획을 세우자는 게 이들의 목표였죠. 서구권과 동구권의 치열한 논쟁 끝에 '여성도 남성과 동등한 권리를 누려야 한다,' '여성에 대한 모든 형태의 성희롱all forms of sexual harassment, 성착취exploitation는 근절되어야 한다' 등의 내용이 담긴 선언서가 탄생합니다.

뉴욕타임스는 이 회의를 '뭐가 문젠지 입도 뻥끗 못 하는 인권 회의'라고 비판했습니다. 빈에 모인 이들이 현실과 동떨어진 이야기를 한다는 것이었죠. 사실 참석자들도 나름의 사정이 있었습니다. 회의에서 특정 국가나 장소를 지칭할 수 없다는 규칙이 있었던 것이죠. 예컨대 "중국의 한 자녀 정책은 인권 침해입니다!"라고 비판할 수 없었던 것입니다. 인권이라는 추상적인 개념을 추상적인 언어로 논했으니, 그 결과물인 선언문도 추상적일 수밖에 없었겠죠.

사회는 서로 다른 가치관을 가진 사람들의 모임이기에, 규칙이나 기준을 정할 때는 추상적인 개념만으로는 부족합니다. 구체적인 사례가 뒷받침되어야 하죠. 여기에서 힐러리의 전략이 빛을 발합니다. 힐러리는 여성이 겪고 있는 문제를 뭉뚱그리지 않고 하나씩 집어냅니다. 특정 국가를 언급하지 않아도 모두가 알 만한 구체적인 사례로 해당 정부를 움찔하게 만듭니다.

결혼 지참금이 적다며 본처를 살해하고 다른 여자를 아내로 맞이하는 관습이 살아 있는 인도, 무슬림 청소를 목적으로 여성들을 집단 강간한 보스니아의 세르비아 군대, 여성은 정숙해야 한다며 성기를 절제

(할례)하는 이집트를 비롯한 아프리카의 여러 국가들, 모르는 남자와 대화했다는 이유로 여동생을 살해한 남자를 명예 살인이라고 처벌하지 않는 파키스탄, 가구당 자녀 하나만 가질 수 있도록 법을 만들어 여아 낙태와 영아 살해를 조장하는 중국 정부… 힐러리는 각국의 악습을 구체적으로 언급하며 그것이 인권을 침해하고 유린하는 범죄 행위임을 분명하게 밝힙니다.

여성의 권리를 인권으로 선언하다

If there is one message that echoes forth from this conference, let it be that *human rights are women's rights.
… And women's rights are human rights.* Once and for all.

이 회의에서 울려 퍼지는 하나의 메시지가 있다면 그것은 바로 **인간의 권리는 곧 여성의 권리이고, 여성의 권리는 곧 인간의 권리라는 것입니다.** 이제 이 사실을 분명히 합시다.

막간을 이용한 논리 수업. "강아지는 동물이다."는 참이지만 "동물은 강아지다."는 거짓입니다. 고양이도 동물이니까요. 'A=B 그리고 B=A'일 때만 A와 B의 동일성이 인정됩니다. 마찬가지로 '여성의 권리는 인간의 권리'라는 주장은 수용 가능합니다. 인간 안에 여성이 포함되어 있으니까요. 하지만 이 문장만 있다면 여성이 남성의 권리는 가질 수 없다고 주장할 수 있습니다. 따라서 '인간의 권리는 여성의 권리'라는 말이 따라와야 남녀가 동일한 권리를 가진다는 것을 분명히 할 수 있습니다. '인간의 권리는 곧 여성의 권리이고 여성의 권리는 곧 인간의 권리'라는 이 문장에 굉장히 강력한 주장이 담겨 있는 것이죠.

힐러리는 연설을 어떻게 마무리할까요? 세계여성회의는 9월 4일부터 9월 15일까지 열렸고, 힐러리의 연설은 9월 5일에 있었습니다. 시작점이었죠. 따라서 힐러리는 청중이 어떤 마음가짐으로 회의에 임해야 하는지, 어떤 성과를 내야 하는지 방향을 제시해 주어야 했습니다. 힐러리는 연설 후반부에 행동을 나타내는 동사들act, move, work, build을 반복적으로 사용하며 이 회의가 세상에 변화를 불러오는 외침이 되어야 한다고 주장합니다.

> Now it is time to *act* on behalf of women everywhere.
> (...) We must *move* beyond recognition of problems to
> *working* together, to have the common efforts to *build*
> that *common ground* we hope to see.
>
> 이제는 전 세계 모든 여성을 대신해 **행동에 나설** 때입니다. (···) 단지 문제를
> 인식하는 것을 **넘어서서 협력**하고, 우리가 바라는 **공통의 기반을 마련**할 수
> 있도록 공동의 노력을 기울여야 합니다.

힐러리는 연설 도입부에 등장한 단어 common ground를 다시 사용하여 여러 국가 대표들에게 차이점이 아닌 '닮은 점'을 바라보자고 말합니다. 처음과 끝을 같은 말로 엮는 수미상관 구조를 통해 메시지의 통일성과

완결성을 만들어 낸 것입니다.

건전한 방송(clean airwaves)을 언급하는 이유

I want to speak up for mothers who are fighting for good schools, safe neighborhoods, clean air and *clean airwaves*...
좋은 학교, 안전한 동네, 맑은 공기, **건전한 방송**을 위해 투쟁하는
어머니들을 위해 목소리를 높이고 싶습니다.

전 세계적으로 사랑받는 할리우드 영화와 디즈니 애니메이션을 보고 그동안 한 번이라도 여성의 역할에 대해 의문을 가져 본 적 있나요? 「개구쟁이 스머프」의 남자 스머프들은 허영이, 투덜이, 똘똘이, 파파라는 이름이 있는데, 왜 여자 스머프는 단순히 여성을 뜻하는 접미사 -ette가 붙은 스머페트Smurfette라고 불릴까? 왜 공주는 잠든 상태에서 누군지도 모르는 남자의 키스를 받고 깨어나야 할까? 슈퍼맨, 배트맨, 스파이더맨, 제임스 본드 등 혼란에 빠진 세상은 왜 남자가 구할까?

부끄럽지만 저는 이런 의문을 품은 적이 한 번도 없습니다. 오히려, 연인이 괴한에게 살해당하자 힘센 남자가 혼자서 범죄 조직을 소탕한다는 뻔한 전개에 편안함을 느꼈던 것 같습니다. 여성은 남성에게 의존적이며 무기력하고 가사일에 충실해야 하는 존재라고 가스라이팅을 당한 것이 아닌가하는 생각도 듭니다. 저 역시 대중매체가 그려 온 성별의 고정관념에 길들여져 있었던 셈입니다.

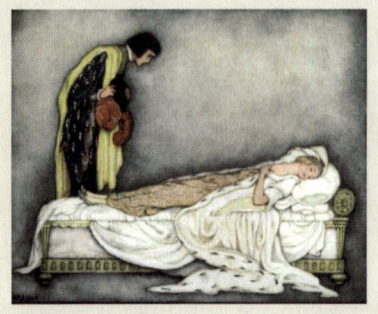

자신의 분별력이나 기억, 사고력을 의심하게 만드는 심리적 조작
The practice of psychologically manipulating someone into
questioning their own sanity, memory, or powers of reasoning.

옥스포드 사전에 나온 가스라이팅gaslighting의 정의입니다. 대중매체는
단순한 오락의 기능을 넘어, 대중의 무의식과 가치관 형성에 영향을 미
칩니다. 그래서 잘못된 통념이 미디어를 통해 반복되면, 그것은 대중을
향한 일종의 가스라이팅이 되어 버립니다.

　　1971년 미국의 한 연구 집단이 TV 광고 속 남성과 여성의 전형
적인 모습을 분석합니다. 여성은 주로 주방이나 화장실에서 등장하고,
결정을 잘 못 내리고 고민하며, 남성에게 의존적이고, 성적 매력을 뽐내
는 역할을 맡는 것으로 나타났습니다. 2009년 우리나라에서 출간된 책
『광고 속의 성차별』*에서는 TV 광고 분석과 설문조사 결과를 토대로, 뉴
스나 드라마를 기다리며 수동적으로 접하는 광고가 대중의 무의식에 여

• 박은하, 소통, 2009.

성은 가사와 육아를 전담하고 남성은 사회에서 성공을 좇는 존재라는 인식을 심어 준다고 지적합니다.

힐러리가 clean airwaves라는 두 단어를 통해 전달하려는 의미는 분명합니다. 오래전부터 이어져 온 잘못된 통념이 사회에 계속 뿌리내리게 하는 대중매체를 바로잡아야 한다는 것이죠. 여자는 원래 그런 존재라고 인식시키고 이를 자연스럽게 받아들이게 만드는 대중매체를 비판한 것입니다.

가장 큰 분열을 초래한 철학적 투쟁

It was one of America's *most divisive philosophical wars.* But it was also a bloodless war. Suffrage was achieved without a shot fired.

이 투쟁은 미국 역사상 **가장 큰 분열을 초래한 철학적 투쟁** 중 하나였습니다. 그러나 무혈 투쟁이기도 했습니다. 총 한 발 쏘지 않고 여성들의 참정권을 얻어낸 것입니다.

힐러리는 미국의 여성 참정권 투쟁을 '가장 큰 분열을 초래한 철학적 투쟁'이라 표현합니다. 언뜻 보면 잘 와닿지 않지요. 그저 현학적이거나 과장된 표현이었을까요? 그 의미를 이해하려면 미국 여성 참정권 운동의 역사를 살펴볼 필요가 있습니다. 미국에서 여성 참정권이 처음 공론화된 것은 1840년대의 일입니다. 1844년, 100% 남성으로 구성된 자유

플래카드를 들고 뉴욕을 행진하는
여성 참정권 운동가들(1912년)

당이 대선에서 여성 참정권을 공약으로 내세웠고, 1848년에는 최초로
여성의 권리를 주장한 회의인 세네카 폴스 컨벤션Seneca Falls Convention이
열렸죠. 힐러리가 언급했듯, 그로부터 70여 년이 흐른 1920년에야 미국
은 마침내 수정헌법 제19조에 따라 여성에게 참정권을 부여합니다.

하지만 19세기에는 사회가 여성을 바라보는 시각은 지금과 많이
달랐습니다. 당대 미국과 유럽의 철학, 정치, 문화에 큰 영향을 미친 지식
인들이 어떤 말을 남겼는지 보면, 당시의 여성관을 알 수 있습니다. 프랑
스 계몽주의 시대를 대표하는 철학자로 현대 헌법과 정치 체계에 큰 영
향을 미친 장 자크 루소1712~1778는 그의 저서 『에밀』에서 '여성이 남성의
말을 따라야 하는 것은 자연의 섭리'라고 말하며, '여성은 남성에게 기쁨
을 주고, 남성에게 유용한 존재가 되도록 교육받아야 한다'*고 주장했습
니다.

근대 계몽주의를 정점에 올려놓은 임마누엘 칸트1724~1804는 『실
용적 관점에서 본 인간학』에서 '여자들이 교육을 받으면 그들만의 매력

• The whole education of women ought to be relative to men. To please them, to be
useful to them…

을 잃어버리게 될 것'이라고 했으며, 아서 쇼펜하우어1788~1860는 「여성에 대하여」라는 에세이에서 '여성들은 매우 유치하고 진지하지 못하며 생각이 짧기 때문에 간호사나 유치원 교사로 일하는 것이 적절하다'고 썼습니다.

강의 하류에서 폐기물이 발견되면 상류를 살펴봐야 하듯, 위의 철학자들도 분명 누군가의 영향을 받았을 겁니다. '남성은 여성보다 선천적으로 우월하기에 여성이 남성의 지배하에 있는 것이 자연의 질서', '여성은 생물학적 기능이 남성보다 열등한 불완전한 남성.' 이런 괴상한 주장을 늘어놓은 이가 누구였을까요? 만학萬學의 아버지이자 철학의 뿌리로 여겨지는 아리스토텔레스기원전 384~322입니다.

이렇게 역사적으로 내로라하는 철학자들도 여성에 대해 왜곡된 관념을 갖고 있었습니다. 이런 관념이 오랜 세월에 걸쳐 일상생활과 사회적 규범, 법률, 무의식 속에 깊이 자리 잡게 된 것이죠. 따라서 구석구석 뿌리내린 이 믿음을 뽑아내려면 엄청난 분열이 일어날 수밖에 없습니다. 여성 참정권은 단순히 투표권을 쟁취하는 문제가 아니었습니다. 수천 년 동안 이어져 온 '여성은 남성보다 열등하다'라는 철학적 전제를 뒤엎는 일이었기에, 엄청난 분열을 불러올 수밖에 없었습니다. 문자 그대로 the most divisive philosophical war라는 표현이 결코 과장이 아니었던 것입니다.

한때 이런 생각을 한 적이 있습니다. 훌륭한 연설들은 대부분 연설자 본인이 아닌 대필자가 쓴 것 아닌가? 연설문을 직접 쓴 것으로 유명한 링컨이나 오바마 같은 예외적 인물들을 제외하면 대부분 대필자가 써 준 글을 받아서 읽기만 한 것 아닌가? 그렇다면 훌륭한 연설문을 썼다는 칭송을 받을 자격이 없는 것 아닐까? 힐러리도 마찬가지 아닐까?

그런데 힐러리의 연설에 관한 자료를 수집하면서 제 생각이 바뀌었습니다. 대필자가 건네준 초본에 힐러리가 직접 수정한 흔적을 발견한 것이지요. 거의 모든 페이지가 메모로 뒤덮여 있었습니다. 아마도 힐러리의 수정을 받은 대필자는 절망했을 겁니다. 문장 구조를 바꾸고 단어를 추가하기도 했으며 어떤 곳은 한 문단이 통째로 날아가 버리기도 했으니까요.

문득 오래된 일이 떠올랐습니다. 제가 사원이었던 시절, 사장님께 보고할 서류 초안을 팀장님께 들고 갔던 때의 일입니다. 팀장님은 한숨을 깊게 쉬고 빨간 펜을 들어 제 보고서를 거의 피투성이로 만드셨죠. 그때는 실망스러웠지만, 돌이켜보면 바로 그 과정이 좋은 결과물을 만드는 출발점이었습니다. 훌륭한 연설도 마찬가지입니다. 연설자 혼자만의 작품도 아니고 대필자만의 작품도 아닙니다. 수소와 산소가 만나서 물이 되듯, 둘의 호흡이 만들어 낸 합작품입니다.

힐러리의 연설문 초안이 보고 싶다면 미국 국립 문서 보관소(오른쪽 QR)를 방문해 보세요. ▶

5

버락 오바마의
2004년 민주당 전당대회
기조연설

Keynote Address at the 2004
Democratic National Convention
by Barack Obama

2009년 대통령 재임 기간 중의 버락 오바마

무명 정치인 오바마의 연설을 본 한 칼럼니스트가 이런 제목의 기사를 쓴다.
"A Star Is Born"
스타 탄생.

개인의 서사를 국민 통합과 희망의 메시지로
끌어올린 연설

'무명의 지방 의원이 연설 하나로 전 국민의 마음을 사로잡고 미국 역사상 최초의 흑인 대통령이 되다.' 이 영화 같은 이야기의 주인공은 미국 제44대 대통령 버락 오바마입니다. 그런데 어떻게 무명의 정치인이 그 중요한 자리에서 연설을 하게 되었을까요? 대체 어떤 연설을 하였길래 한순간에 미국인의 마음을 사로잡을 수 있었을까요? 그 궁금증을 한번 풀어 보죠.

2000년 총선에서 민주당 현직 의원을 상대로 예비 선거에 도전했던 버락 오바마는 결국 그것이 무모한 도전이었음을 깨닫게 됩니다. 그가 경선에서 패하고 남은 것은 밀린 업무와 파산에 가까운 재정 상태였지요. 그해 8월 캘리포니아 로스앤젤레스에서 민주당 전당대회가 열립니다. 이제 정치판에서 발을 빼야 할지 고민하던 오바마는 전당대회에 참석할 마음도 없습니다. 그런 그의 속마음을 꿰뚫어 보기라도 한 듯, 지인들은 계속 연락해 옵니다. 재기하려면 두루두루 인맥을 만들어야 한다며 끈질기게 오바마를 설득하죠. 갈등 끝에 오바마는 마침내 로스앤젤레스행 비행기 표를 삽니다.

로스앤젤레스 공항에 도착한 오바마는 렌터카 사무실에서 신용카드를 내밉니다. 잠시 뒤 직원이 난처한 표정을 짓습니다. "카드 승인이 거절되었는데요." 당황한 오바마가 카드사에 전화하고, 긴 통화 끝에 간부의 허락을 받고 나서야 간신히 차를 빌릴 수 있었습니다. '불길한 징조인가.' 나쁜 예감은 틀리지 않았습니다. 현장에 도착했을 때 오바마는 본회의장 입장을 거부당합니다. 초대장도 없었고 대의원도 아니었기 때문입니다. 하는 수 없이 대회장 밖에 설치된 TV로 현장 중계 화면을 보고는 소득 없이 집으로 돌아와야 했습니다. 그는 방황했습니다. 자서전 『담대한 희망The Audacity of Hope』에서 그는 당시 기분을 이렇게 묘사합니다.

"내가 선택한 길에 회의를 품기 시작했다. 마치 배우나 운동선수가 꿈을 이루기 위해 여러 해 동안 혼신의 노력을 다했지만 능력이나 운이 한계에 이르렀음을 느낄 때의 심정과 비슷했다."*

하지만 오바마는 마지막으로 한 번 더 도전하기로 합니다. 자신이 올곧게 품었던 정치적 구상을 시험해 본다는 심정으로 연방 상원의원에 출마하기로 결심했죠. 아내 미셸에게 말했습니다. "이번에 안 되면 정말 그만두자!" 정치 인생 마지막 승부수를 던진 오바마는 일리노이주 구석구석을 다니며 사람들을 만나기 시작했습니다. 몇 시간씩 차를 몰고 가서 고작 유권자 두세 명만 만나도 실망하지 않고, 만나는 모든 이들의 이야기에 귀를 기울였습니다.

한편 2004년 무더운 여름, 미국 민주당 대통령 후보 존 케리John Kerry의 선거 캠프는 한 사람의 운명, 그리고 미국의 운명을 바꿀 결정을 내리고 있었습니다. 민주당 전당대회의 기조연설자를 고르고 있었죠. 긴 논의 끝에 최종 후보가 6명으로 추려졌습니다. 백인 주지사 5명과 아프리카계 미국인 지방 의원, 오바마였습니다.

전당대회를 약 한 달 앞둔 어느 날 저녁, 선거 운동 행사에 참석하기 위해 시카고로 향하던 오바마에게 전화 한 통이 걸려 옵니다. 통화를 끝낸 오바마가 상기된 표정으로 말합니다. "이건 정말 빅뉴스야." 오바마가 기조연설자로 최종 선정된 것이었습니다. 오바마가 보좌관에게 말합니다. "이번 연설문은 내가 직접 쓸게요." 그날의 기조연설자가 훗날 미국 역사의 또 다른 주인공이 된다는 사실을 누가 예측할 수 있었을까요?

• 『담대한 희망』, 버락 오바마, 홍수원 옮김, 알에이치코리아, 2021.

2004년 7월 27일,
미국 보스턴

On behalf of the great state of Illinois, | crossroads of a nation,
land of Lincoln, | let me express my deep gratitude | for the
privilege of addressing this convention. Tonight is a particular
honor for me | because, let's face it, | my presence on this stage
is pretty unlikely.

My father was a foreign student, | born and raised in a small
village in Kenya. He grew up herding goats, | went to school in
a tin-roof shack.* His father, my grandfather, was a cook, |
a domestic servant to the British.

But my grandfather had larger dreams for his son. Through
hard work and perseverance*, | my father got a scholarship to
study in a magical place: America, | which stood as a beacon of
freedom and opportunity to so many who had come before.

While studying here, my father met my mother. She was born
in a town on the other side of the world, in Kansas.

| shack 판잣집, 오두막 perseverance 인내

한 나라의 길목이자 링컨의 땅인 위대한 일리노이주를 대표하여, 이번 전당대회에서 연설할 수 있는 특권을 제게 주신 것에 진심으로 감사드립니다. 오늘 밤은 제게 특히 영광스러운 시간입니다. 솔직히 말해서, 제가 이 연단에 서는 것은 거의 불가능한 일이었기 때문입니다.

제 아버지는 케냐의 작은 마을에서 태어나고 자란 유학생이었습니다. 염소를 치며 유년 시절을 보내셨고, 양철 지붕으로 된 판잣집 학교를 다니셨습니다. 아버지의 아버지, 그러니까 제 할아버지는 영국인의 집에서 요리사로 일하셨습니다.

하지만 할아버지는 아들에게 더 원대한 꿈을 품고 계셨습니다. 열심히 노력하고 인내한 끝에 아버지는 꿈 같은 곳에서 장학생으로 공부할 수 있게 되었습니다. 바로 미국입니다. 미국은 이전에 이주했던 수많은 이들에게 자유와 기회의 등대가 되어 준 곳이었습니다.

유학생 시절, 아버지는 어머니를 만나셨습니다. 어머니는 아버지의 고향에서 지구 반대편에 있는 캔자스의 작은 마을에서 태어나셨습니다.

Her father worked on oil rigs* and farms through most of the Depression. The day after Pearl Harbor he signed up for duty, joined Patton's army and marched across Europe.

Back home, my grandmother raised their baby and went to work on a bomber assembly line. After the war, they studied on the GI Bill*, bought a house through FHA*, and moved west in search of opportunity.

And they, too, had big dreams for their daughter, a common dream, born of two continents. My parents shared not only an improbable* love; they shared an abiding* faith in the possibilities of this nation. They would give me an African name, Barack, or "blessed," believing that in a tolerant America your name is no barrier to success.

They imagined me going to the best schools in the land, even though they weren't rich, because in a generous America you don't have to be rich to achieve your potential.

They are both passed away now. Yet, I know that, on this night, they look down on me with pride.

---

oil rig 석유 시추 시설 GI Bill 제대 군인 원호법(제대 군인에게 제공하는 교육 지원 혜택 제도)
FHA 미국 연방주택청(Federal Housing Administration) improbable 사실 같지 않은,
있음직하지 않은 abiding 변치 않는, 영원한

외할아버지는 대공황 시절 거의 내내 석유 시추 시설과 농장에서
일하셨습니다. 진주만 공습 다음 날 외할아버지는 군에 자원 입대하셨고
패튼 장군 휘하 부대 소속으로 유럽 전역을 행군하셨습니다.

고향에 계신 외할머니는 홀로 아기를 키우며 폭격기 조립 라인에서
일하셨습니다. 전쟁이 끝난 후 두 분은 제대 군인 원호법의 지원을
받아 학교에 다니셨고 연방주택청이 제공하는 대출을 통해 집을
장만하셨으며 기회를 좇아 서쪽으로 이주해 오셨습니다.

이분들 역시 딸에게 원대한 꿈을 품고 계셨습니다. 서로 다른 대륙에서
나온 공통의 꿈이었습니다. 제 부모님은 믿기 어려울 만큼 놀라운
사랑을 나누셨을 뿐 아니라, 이 나라의 가능성에 대해 변치 않는 믿음도
공유하셨습니다. 두 분은 제게 버락, 즉 '축복받은'이라는 의미의
아프리카 이름을 지어 주셨는데, 관대한 나라 미국에서는 이름이 성공에
걸림돌이 되지 않으리라 믿으셨기 때문입니다.

부자가 아니셨지만 부모님은 제가 이 나라에서 제일 좋은 학교에 다니는
걸 꿈꾸셨습니다. 관대한 나라 미국에서는 부자가 아니어도 자신의
잠재력을 실현할 수 있다고 믿으셨기 때문입니다.

지금은 두 분 모두 돌아가셨습니다. 하지만 오늘 밤, 자부심을 느끼며
하늘에서 저를 내려다보고 계시다는 걸 압니다.

I stand here today, grateful for the diversity of my heritage, │ aware that my parents' dreams live on in my precious daughters. I stand here knowing │ that my story is part of the larger American story, │ that I owe a debt to all of those who came before me, │ and that, in no other country on earth, │ is my story even possible.

Tonight, we gather to affirm the greatness of our nation, │ not because of the height of our skyscrapers, or the power of our military, or the size of our economy. Our pride is based on a very simple premise*, │ summed up in a declaration made over two hundred years ago, │ "We hold these truths to be self-evident, that all men are created equal, │ that they are endowed by their Creator with certain inalienable rights, │ that among these are life, liberty and the pursuit of happiness."

That is the true genius of America, │ a faith in the simple dreams of its people, │ the insistence on small miracles. That we can tuck in* our children at night │ and know they are fed and clothed and safe from harm. That we can say what we think, write what we think, │ without hearing a sudden knock on the door. That we can have an idea and start our own business │ without paying a bribe or hiring somebody's son.

│ premise 전제 tuck in (옷, 이불 등을) 안으로 넣다, 말아 넣다

오늘 이 자리에 선 저는 다양한 유산을 물려받았음에 감사하며, 부모님의 꿈이 제 소중한 딸들에게도 이어지고 있음을 잘 알고 있습니다. 이 자리에 선 저는, 제 이야기가 더 큰 미국의 이야기의 일부이며, 앞서 이 땅을 밟으신 모든 분들께 제가 빚을 지고 있고, 제 이야기가 지구상에 있는 다른 어떤 나라에서도 결코 실현될 수 없다는 것을 잘 알고 있습니다.

오늘 밤 우리는 우리나라의 위대함을 확인하기 위해 모였습니다. 그것은 높이 솟은 고층 건물들이나 군사력, 또는 경제 규모에서 나오는 것이 아닙니다. 우리의 긍지는 2백여 년 전 한 선언서에 요약된 아주 단순한 전제에 뿌리를 두고 있습니다. "우리는 다음의 진리를 자명한 것으로 받아들인다. 모든 인간은 평등하게 창조되었으며 창조주는 그 누구도 빼앗을 수 없는 권리를 모든 인간에게 부여하였다. 이 권리에는 생명, 자유, 행복 추구가 포함된다."

이것이 바로 미국이 진정 특별한 이유입니다. 이 나라 국민이 품고 있는 소박한 꿈에 대한 믿음, 그리고 작은 기적을 향한 집요함입니다. 자녀에게 밤마다 이불을 덮어 줄 수 있고 그들을 굶기지 않고 헐벗지 않도록 하며 위험으로부터 보호할 수 있는 것. 누가 갑자기 현관문을 두드리면 어쩌나 하는 두려움 없이 그저 생각하는 대로 말하고 쓸 수 있는 것. 아이디어만 있다면 뇌물을 바치거나 누군가의 아들을 고용하지 않고도 사업을 시작할 수 있는 것.

That we can participate in the political process without fear of retribution*, | and that our votes will be counted—or at least, most of the time.

This year, in this election, | we are called to reaffirm our values and commitments, to hold them against a hard reality | and see how we are measuring up*, | to the legacy of our forbearers, | and the promise of future generations.

And fellow Americans—Democrats, Republicans, Independents—I say to you tonight: we have more work to do. More to do | for the workers I met in Galesburg, Illinois, | who are losing their union jobs at the Maytag plant that's moving to Mexico, | and now are having to compete with their own children | for jobs that pay seven bucks an hour.

More to do for the father I met who was losing his job | and choking back* tears, wondering how he would pay $4,500 a month | for the drugs his son needs without the health benefits* he counted on.

---

retribution 보복, 응징   measure up (기대나 필요에) 부합하다   choke back 억누르다
health benefits 건강보험

보복에 대한 두려움 없이 정치 과정에 참여할 수 있고, 우리가 던진 표가 집계될 거라는 것. 적어도 대부분은 집계될 거라는 것.

올해, 이번 선거에서 우리는 이 나라가 소중히 여기는 가치와 헌신하는 것들을 다시 확인하고, 이를 냉엄한 현실과 비교하여 과연 우리가 선대의 유산과 후대의 약속에 얼마나 부응하고 있는지를 돌아봐야 합니다.

국민 여러분, 민주당 지지자 여러분, 공화당 지지자 여러분, 무無당파 유권자 여러분. 오늘 밤 여러분께 말씀드립니다. 우리가 해야 할 일들이 더 있습니다. 메이태그 공장이 멕시코로 이전하면서 노조 일자리를 잃고, 이제는 시급 7달러짜리 일을 놓고 자신들의 자녀와 경쟁해야 하는 일리노이주 게일즈버그의 노동자들을 위해 해야 할 일이 더 있습니다.

일자리를 잃고 눈물을 삼키며, 의지해 왔던 건강보험도 없이 매달 4,500달러에 달하는 아들 약값을 감당할 길이 막막한 한 가정의 아버지를 위해 해야 할 일이 더 있습니다.

More to do for the young woman in East St. Louis, ⏐ and thousands more like her, ⏐ who has the grades, has the drive, has the will, ⏐ but doesn't have the money to go to college.

Don't get me wrong. The people I meet in small towns and big cities, in diners and office parks, ⏐ they don't expect government to solve all their problems. They know they have to work hard to get ahead˙⏐ and they want to.

Go into the collar counties around Chicago, and people will tell you ⏐ they don't want their tax money wasted by a welfare agency or the Pentagon.

Go into any inner city neighborhood, and folks will tell you ⏐ that government alone can't teach kids to learn. They know that parents have to parent, ⏐ that children can't achieve unless we raise their expectations and turn off the television sets ⏐ and eradicate˙the slander˙that says a black youth with a book is acting white.

⏐ get ahead 출세하다 eradicate 근절하다, 뿌리뽑다 slander 비방, 모략, 중상

성적도 좋고 의욕도 있고 의지도 있지만 학비가 없어서 대학교에 진학하지 못하는 이스트세인트루이스의 젊은 여성과 그녀와 비슷한 처지에 놓여 있는 수천 명을 위해 해야 할 일이 더 있습니다.

제 말을 오해하지 마십시오. 작은 마을과 큰 도시, 식당과 사무실 단지에서 제가 만나는 분들은 정부가 자신들의 문제를 모두 해결해 줄 거라 기대하지 않습니다. 그분들은 성공하기 위해서는 열심히 일해야 한다는 걸 알고 있고, 열심히 일하고 싶어 합니다.

시카고 근교의 도시들을 가 보십시오. 그곳 시민들은 복지 기관이나 국방부가 자신들의 세금을 낭비하지 않길 바란다고 말할 것입니다.

도심 지역으로 가 보십시오. 그곳 사람들은 정부 혼자 아이들을 가르칠 수 없다고 말합니다. 그들은 부모가 부모 역할을 해야 한다는 걸 압니다. 우리가 아이들의 기대치를 높여 주고, 텔레비전을 끄고, 흑인 아이가 책을 읽으면 백인을 흉내 내는 거라는 비방을 듣지 않게 해야 아이들이 꿈을 이룰 수 있다는 걸 잘 압니다.

People don't expect government to solve all their problems. But they sense, deep in their bones, ǀ that with just a change in priorities, we can make sure ǀ that every child in America has a decent shot at life, ǀ and that the doors of opportunity remain open to all. They know we can do better. And they want that choice.

In this election, we offer that choice. Our party has chosen a man to lead us ǀ who embodies the best ǀ this country has to offer. That man is John Kerry.

John Kerry understands the ideals of community, faith, and sacrifice, ǀ because they've defined his life. From his heroic service in Vietnam ǀ to his years as prosecutor and lieutenant governor*, ǀ through two decades in the United States Senate, ǀ he has devoted himself to this country. Again and again, we've seen him make tough choices ǀ when easier ones were available. His values and his record affirm* what is best in us.

John Kerry believes in an America where hard work is rewarded. So instead of offering tax breaks* to companies shipping jobs overseas, ǀ he'll offer them to companies creating jobs here at home.

> ǀ lieutenant governor (주의) 부지사 affirm 단언하다, 확언하다 tax break 세금 우대 조치

국민들은 정부가 모든 문제를 해결해 주리라 기대하지 않습니다. 하지만 우선순위만 바꿔도 미국의 모든 아이들에게 제대로 된 기회를 줄 수 있고, 모두에게 기회의 문이 열려 있게 할 수 있음을 국민들은 뼛속 깊이 느끼고 있습니다. 국민들은 우리가 더 잘할 수 있다는 걸 알고, 그와 같은 선택을 원합니다.

이번 선거에서 우리가 그와 같은 선택을 제시하고자 합니다. 우리 당은 이 나라가 국민에게 제공해야 하는 최선의 것들을 체화한 인물을 대선 후보로 선택했습니다. 바로 존 케리입니다.

존 케리는 공동체와 신념, 희생의 가장 바람직한 모습을 잘 이해하고 있습니다. 그것들이 자신의 삶을 정의해 왔기 때문입니다. 영웅적인 베트남 군 복무 시절부터, 검사와 부지사로 보낸 수년의 시간, 그리고 미국 상원의원으로 활동했던 20년간, 존 케리는 국가에 헌신해 왔습니다. 우리는 존 케리가 쉬운 길을 놔두고 어려운 길을 택하는 걸 몇 번이나 봐 왔습니다. 그의 가치관과 이력은 우리에게 최선이 무엇인지를 확실히 말해 줍니다.

존 케리가 믿는 미국은 성실함이 보상받는 나라입니다. 그러므로 일자리를 해외로 옮기는 기업에게 세금 우대를 제공하는 대신 국내에 일자리를 창출하는 기업에게 혜택을 줄 것입니다.

John Kerry believes in an America | where all Americans can afford the same health coverage | our politicians in Washington have for themselves. John Kerry believes in energy independence, | so we aren't held hostage* to the profits of oil companies | or the sabotage* of foreign oil fields.

John Kerry believes in the constitutional freedoms | that have made our country the envy of the world, | and he will never sacrifice our basic liberties | nor use faith as a wedge* to divide us. And John Kerry believes | that in a dangerous world, war must be an option, | but it should never be the first option.

A while back, | I met a young man named Shamus at the VFW* Hall in East Moline, Illinois. He was a good-looking kid, six-two or six-three, clear-eyed, with an easy smile. He told me he'd joined the Marines | and was heading to Iraq the following week. As I listened to him explain why he'd enlisted*, | his absolute faith in our country and its leaders, | his devotion to duty and service, | I thought this young man was all any of us might hope for in a child.

---

hold hostage 인질로 잡아 두다 sabotage (고의적인) 생산 방해 행위 wedge 분열시키는 것, 쐐기 VFW 해외 참전 용사(Veterans of Foreign Wars) enlist 입대하다[시키다], 요청하다

존 케리가 믿는 미국은 모든 국민이 워싱턴의 정치인들과 동일한 건강보험 혜택을 받을 수 있는 나라입니다. 존 케리는 에너지 자립을 이루어야 우리가 석유 회사의 이익이나 해외 유전의 생산 방해 행위에 휘둘리지 않을 수 있다고 믿습니다.

존 케리는 우리나라를 전 세계가 부러워하는 나라로 만든 헌법상의 자유를 믿으며, 어떠한 경우에도 국민의 기본적 자유를 희생하거나 신념을 이용해 국민을 분열시키지 않을 것입니다. 존 케리는 위험한 세상에서 때로는 전쟁을 선택해야 하지만, 절대로 전쟁이 최우선 선택지가 되어서는 안 된다고 믿습니다.

얼마 전 저는 일리노이주 이스트모린에 있는 해외 참전 용사 회관에서 셰이머스라는 청년을 만났습니다. 준수한 외모에 키가 189에서 192센티미터 정도 돼 보이는 맑은 눈동자에 편안한 미소를 가진 이 청년은 저에게, 자신은 해병대에 입대했으며 그다음 주에 이라크로 파병을 나간다고 했습니다. 그가 왜 입대했는지, 우리나라와 지도자들에게 얼마나 확고한 믿음을 갖고 있는지, 의무와 봉사에 얼마나 헌신적인 마음을 가졌는지를 들으면서, 저는 이 청년이야말로 우리 모두가 자식에게 바라는 모습일 것이라고 생각했습니다.

But then I asked myself: Are we serving Shamus | as well as he was serving us? I thought of more than 900 service men and women, | sons and daughters, husbands and wives, friends and neighbors, | who will not be returning to their hometowns. I thought of families I had met | who were struggling to get by without a loved one's full income, | or whose loved ones had returned with a limb missing | or with nerves shattered, | but who still lacked long-term health benefits | because they were reservists*.

When we send our young men and women into harm's way, | we have a solemn obligation | not to fudge* the numbers | or shade the truth about why they're going, | to care for their families while they're gone, | to tend to the soldiers upon their return, | and to never ever go to war without enough troops | to win the war, secure the peace, and earn the respect of the world.

Now let me be clear. We have real enemies in the world. These enemies must be found. They must be pursued and they must be defeated. John Kerry knows this. And just as Lieutenant Kerry did not hesitate to risk his life to protect the men | who served with him in Vietnam, | President Kerry will not hesitate one moment | to use our military might to keep America safe and secure.

| reservist 예비군[병] fudge 속이다

그때 저는 자문해 보았습니다. 셰이머스가 우리에게 봉사한 만큼 우리도 셰이머스에게 봉사하고 있는가? 고국 땅을 다시 밟지 못할 900명이 넘는 군인, 누군가의 아들딸, 남편과 아내, 친구이자 이웃이 떠올랐습니다. 제가 만났던 가족들, 사랑하는 이가 전쟁에서 돌아오지 못해 수입이 끊겨 생계유지에 어려움을 겪거나, 사랑하는 가족이 팔다리를 잃거나 신경이 손상된 채 돌아왔는데 예비역이라는 이유로 장기적인 건강보험 혜택을 누리지 못하는 가족들이 떠올랐습니다.

우리 청년들을 사지로 보낼 때 우리에게는 엄숙한 의무가 있습니다. 숫자를 조작하거나 그들이 참전하는 이유에 대한 진실을 왜곡하지 않고, 그들이 고국을 떠나 있는 동안 그들의 가족을, 돌아온 후에는 그들을 보살펴 주며, 전쟁에 이겨 평화를 지키고 세계의 존경을 받을 수 있는 충분한 병력이 없이는 결코 전쟁에 나서지 않는 것입니다.

이제 분명히 말씀드리겠습니다. 이 세상에 미국의 적은 분명 존재합니다. 우리는 이 적들을 색출해야 합니다. 찾아내어 무찔러야 합니다. 존 케리는 이를 잘 압니다. 중위 시절 베트남에서 같이 복무하던 동료들을 보호하기 위해 일말의 망설임도 없이 자신의 목숨을 내놨던 것처럼, 존 케리는 대통령이 되어서도 미국의 안전과 안보를 지키기 위해서라면 군사력을 사용하는 데 조금도 주저하지 않을 것입니다.

John Kerry believes in America. And he knows it's not enough for just some of us to prosper. For alongside our famous individualism, there's another ingredient in the American saga.

A belief that we are connected as one people. If there's a child on the south side of Chicago who can't read, that matters to me, even if it's not my child. If there's a senior citizen somewhere who can't pay for her prescription and has to choose between medicine and the rent, that makes my life poorer, even if it's not my grandmother. If there's an Arab American family being rounded up without benefit of an attorney or due process, that threatens my civil liberties.

It's that fundamental belief—I am my brother's keeper, I am my sister's keeper—that makes this country work. It's what allows us to pursue our individual dreams, yet still come together as a single American family. "E pluribus unum." Out of many, one.

saga 영웅 전설, 모험담 round ~ up ~를 찾아 체포하다

존 케리는 미국을 믿습니다. 우리 중 일부만 풍요롭게 사는 것으로는 부족하다는 것도 압니다. 널리 알려진 우리의 개인주의와 함께 미국의 성공 신화에는 또 다른 요소가 있습니다.

그것은 바로 우리가 하나로 연결되어 있다는 믿음입니다. 시카고 남부의 한 아이가 글을 읽을 수 없다면 제 아이가 아니더라도 문제가 됩니다. 어떤 어르신이 형편이 어려워 처방약을 살 수 없고 약값과 월세 중 하나만 낼 수 있다면 제 할머니가 아니어도 제 삶이 팍팍해집니다. 한 아랍계 가족이 변호사의 자문도 받지 못하고 적법한 절차도 밟지 못한 채 체포된다면 제 시민으로서의 자유가 위협받는 것입니다.

그런 근본적인 믿음, 내가 내 형제와 자매를 지킨다는 이 믿음 덕분에 우리나라가 제대로 기능하는 것입니다. 바로 이 믿음 덕분에 개개인이 자신의 꿈을 좇으면서도 미국이라는 하나의 가족으로 함께할 수 있는 것입니다. '에 플루리부스 우눔.' 여럿으로 이루어진 하나.

Yet even as we speak, | there are those who are preparing to divide us, | the spin masters* and negative ad peddlers* | who embrace the politics of anything goes. Well, I say to them tonight, | there's not a liberal America and a conservative America—there's the United States of America. There's not a black America and white America and Latino America and Asian America; there's the United States of America.

The pundits* like to slice-and-dice* our country | into Red States and Blue States; Red States for Republicans, Blue States for Democrats. But I've got news for them, too. We worship an awesome God in the Blue States, | and we don't like federal agents poking around* our libraries in the Red States.

We coach Little League in the Blue States | and have gay friends in the Red States. There are patriots who opposed the war in Iraq | and patriots who supported it. We are one people, | all of us pledging allegiance* to the stars and stripes, | all of us defending the United States of America.

In the end, | that's what this election is about. Do we participate in a politics of cynicism | or a politics of hope? John Kerry calls on us to hope. John Edwards calls on us to hope.

spin master (정치인이나 기관의) 공보 비서관, 언론 담당자 peddler 장사꾼 pundit 전문가, 비평가 slice-and-dice 쪼개어 분석하다 poke around 둘러보다, 뒤지다 pledge allegiance 충성을 맹세하다 그런데 지금 이 순간에도 우리를 분열시키려는 자들이 있습니다. 아무 정치에나 동조하며 여론 몰이를 하고 네거티브 전략을 구사하는 이들 말입니다. 오늘 밤 그들에게 말합니다. 진보적인 미국과 보수적인 미국은 존재하지 않습니다. 오직 미합중국이 있을 뿐입니다. 흑인들의 미국, 백인들의 미국, 라틴계의 미국, 아시아계의 미국 같은 건 없습니다. 오직 미합중국이 있을 뿐입니다.

전문가들은 우리나라를 붉은 주와 파란 주로 나누기를 좋아합니다. 붉은색은 공화당을 지지하는 주, 파란색은 민주당을 지지하는 주라 말합니다. 하지만 이들에게도 알려줄 것이 있습니다. 파란 주 시민들도 경이로운 하나님께 예배를 드리고, 붉은 주 시민들도 연방 요원들이 도서관을 뒤지며 다니는 걸 좋아하지 않습니다.

파란 주에도 어린이 야구단 코치가 있고, 붉은 주에도 동성애자 친구들이 있습니다. 이라크 전쟁에 반대했던 애국자들도 있고, 지지했던 애국자들도 있습니다. 우리는 하나입니다. 우리 모두는 성조기에 충성을 맹세하고, 우리 모두가 미합중국을 지키고 있는 겁니다.

결국, 이번 선거의 목적은 이것입니다. 냉소의 정치에 동참하시겠습니까, 아니면 희망의 정치에 동참하시겠습니까? 존 케리는 우리를 희망의 정치로 부르고 있습니다. 존 에드워즈는 우리를 희망의 정치로 부르고 있습니다.

I'm not talking about blind optimism here—the almost willful* ignorance that thinks unemployment will go away if we just don't talk about it, or the health care crisis will solve itself if we just ignore it. No, I'm talking about something more substantial.

It's the hope of slaves sitting around a fire singing freedom songs; the hope of immigrants setting out for distant shores; the hope of a young naval lieutenant bravely patrolling the Mekong Delta; the hope of a millworker's son who dares to defy* the odds*; the hope of a skinny kid with a funny name who believes that America has a place for him, too.

Hope in the face of difficulty. Hope in the face of uncertainty. The audacity* of hope! In the end, that is God's greatest gift to us, the bedrock* of this nation; the belief in things not seen; the belief that there are better days ahead.

I believe we can give our middle class relief and provide working families with a road to opportunity. I believe we can provide jobs to the jobless, homes to the homeless, and reclaim* young people in cities across America from violence and despair.

willful 고의[의도]적인 defy 저항[거역]하다 odds 불평등(한 것), 역경 audacity 대담함, 담대함, 무모함 bedrock 기반 reclaim 교정[교화]하다, 되찾다

저는 맹목적인 낙관주의에 관해 이야기하는 게 아닙니다. 실업에
관해 이야기하지 않으면 실업이 사라질 거라거나, 그냥 무시하면
의료 위기는 저절로 해결될 거라고 생각하는 것은 거의 의도적으로
무시하는 것입니다. 그것은 제가 이야기하려는 것이 아닙니다. 저는
보다 더 실질적인 것에 관해 이야기하는 것입니다.

모닥불 주변에 모여 앉아 자유의 노래를 부르던 노예들이 품고 있던
희망, 바다 너머 머나먼 곳으로 떠나던 이민자들이 품고 있던 희망,
메콩강 삼각주를 용감하게 순찰하던 젊은 해군 중위가 품고 있던
희망, 과감히 불평등에 저항한 공장 노동자의 아들이 품고 있던 희망,
미국에는 자신에게도 자리가 있을 거라고 믿는 깡마르고 이름도
우스꽝스러운 아이가 품었던 희망을 얘기하는 겁니다.

시련에 직면한 희망, 불확실성에 직면한 희망. 담대한 희망! 결국,
이것이야말로 하나님이 우리에게 주신 가장 위대한 선물이자
이 나라를 떠받치는 기반입니다. 보이지 않는 것에 대한 믿음, 장차 더
나은 날들이 펼쳐질 거라는 믿음입니다.

저는 우리가 중산층의 숨통을 트이게 해 주고 노동자 계층에게 기회로
가는 길을 만들어 줄 수 있다고 믿습니다. 실직자들에게 일자리를,
노숙자들에게 집을 제공하고, 미국 전역의 청년들을 폭력과 절망에서
건져 낼 수 있다고 믿습니다.

I believe that we have a righteous wind at our backs and that as we stand on the crossroads of history, we can make the right choices, and meet the challenges that face us.

America! Tonight, if you feel the same energy I do, the same urgency I do, the same passion I do, the same hopefulness I do—if we do what we must do, then I have no doubt that all across the country, from Florida to Oregon, from Washington to Maine, the people will rise up in November, and John Kerry will be sworn in as president, and John Edwards will be sworn in as vice president, and this country will reclaim its promise, and out of this long political darkness a brighter day will come. Thank you and God bless you.

| be sworn in as ~로 (선서하고) 취임하다

저는 우리 등 뒤에서 의로운 바람이 불고 있다고 믿습니다. 우리가 역사의 기로에 서 있을 때, 우리는 올바른 선택을 하고 우리 앞에 놓인 도전들을 헤쳐 나갈 수 있다고 믿습니다.

국민 여러분! 오늘 밤 제가 느끼는 에너지를 여러분도 느끼신다면, 제가 품은 절박함을, 열정을 여러분도 갖고 계신다면, 제가 품은 희망을 여러분도 품고 계신다면, 우리가 마땅히 해야 할 일을 한다면, 플로리다주에서 오리건주까지, 워싱턴주에서 메인주까지 전국의 모든 국민이 11월에 일어나 존 케리가 대통령으로, 존 에드워즈가 부통령으로 취임할 거라고 확신합니다. 그리고 이 나라는 약속을 되찾고 길었던 정치적 암흑기에서 빠져나와 더 밝은 날을 맞이할 것이라고 굳게 믿습니다. 감사합니다. 하나님의 은총이 여러분과 함께하기를 빕니다.

음원으로 듣기

청중의 귀를 사로잡은 주어, My father

연설은 '첫 30초에 승부가 난다'는 말이 있습니다. 그만큼 초반의 기세가 중요하다는 뜻입니다. 이 연설을 하던 당시 오바마는 무명의 지방 의원 이었습니다. 주어진 시간은 단 15분. 연설자로서 청중의 신뢰를 쌓을 시간도 부족한데 민주당 대선 후보 존 케리를 추천해야 합니다. 마치 대기업에 갓 입사한 사원이 사장 후보를 추천하는 상황과 같습니다. 연설 시간도 청중의 관심이 시들해지기 쉬운 늦은 밤입니다. 여러분이라면 이 난관을 어떻게 극복하시겠습니까?

Tonight is a particular honor for me because, let's face it, my presence on this stage is pretty unlikely. *My father* was a foreign student, born and raised in a small village in Kenya.

오늘 밤은 제게 특히 영광스러운 시간입니다. 솔직히 말해서, 제가 이 연단에 서는 것은 거의 불가능한 일이었기 때문입니다. **제 아버지는** 케냐의 작은 마을에서 태어나고 자란 유학생이었습니다.

오바마는 참 현명합니다. 청중의 환심을 사려고 자신의 위상을 높이는 실수를 범하지 않습니다. 오히려 겸손하게 낮춥니다. 자기 같은 사람이 '이 연단에 서는 것은 거의 불가능한 일'이었다는 말로 연설의 문을 엽니다. 그러고는 그의 입에서 의외의 말이 나옵니다. My father. 민주당의 위대함, 미국이 가야 할 길 같은 정치 이야기가 아닌 의외의 단어를 던진 겁니다. 수업 시간에 선생님이 첫사랑 이야기를 시작하면 책상에 엎드려 잠을 자던 친구도 귀가 번쩍 뜨이는 기적을 그도 알았을까요?

변론 연설의 모범 답안을 만든 로마의 웅변가 키케로는 연설에 알려지지 않은 내용이나 신기한 이야기를 담으면 청중의 관심을 유발할 수 있으며, 연설가는 청중에게 호감을 주도록 설명해야 한다고 말했습니다. 오바마는 키케로의 조언을 잘 따른 듯합니다. 후보자를 위한 진부한 정치적 구호 대신 자신의 개인적 이야기를 꺼내며, 낯선 정치인이 아니라 한 미국 이민 가정의 아들로서 자신을 소개한 것입니다.

> They would give me an African name, Barack, or "blessed," believing that in a tolerant America your name is no barrier to success. (...) I stand here today, grateful for the diversity of my heritage, aware that my parents' dreams live on in my precious daughters. I stand here knowing that *my story is part of the larger American story,* that I owe a debt to all of those who came before me, and that, in no other country on earth, is my story even possible.
>
> 두 분은 제게 버락, 즉 '축복받은'이라는 의미의 아프리카 이름을 지어

주셨는데, 관대한 나라 미국에서는 이름이 성공에 걸림돌이 되지 않으리라 믿으셨기 때문입니다. (…) 오늘 이 자리에 선 저는 다양한 유산을 물려받았음에 감사하며, 부모님의 꿈이 제 소중한 딸들에게도 이어지고 있음을 잘 알고 있습니다. 이 자리에 선 저는, **제 이야기가 더 큰 미국의 이야기의 일부이며,** 앞서 이 땅을 밟으신 모든 분들께 제가 빚을 지고 있고, 제 이야기가 지구상에 있는 다른 어떤 나라에서도 결코 실현될 수 없다는 것을 잘 알고 있습니다.

오바마는 개인의 경험을 '더 큰 미국의 이야기'로 확장합니다. 개인적인 서사가 곧 정치적 메시지로 이어질 수 있다는 것을 보여 주는 것이죠. 연설의 시작이 단순한 자기소개가 아니라 연설의 주제를 요약해서 보여 주는 셈입니다.

　오바마의 연설은 크게 두 부분으로 나눌 수 있습니다. 하나, 미국이 지켜야 할 신념은 무엇이며, 그 신념은 잘 유지되고 있는가? 둘, 우리는 어떤 결정을 내려야 하며, 그런 결정을 하면 어떻게 될 것인가? 연설 초반부에 오바마는 미국의 신념, 지켜야 할 전통과 자랑이 무엇인지를 말합니다. 이 무거운 주제를 그의 평범치 않은 가족 얘기에 녹여 냅니다. 흑인의 민권이 무시당하던 시기에 케냐 출신 아버지와 미국 백인 여성이 만나 아들을 낳고, 아들에게 군이 아프리카 이름을 지어 주면서 그 이름이 아들의 성공에 걸림돌이 되지 않을 거라 믿었던 부모. 그 아이는 어른이 되어 민주당 전당대회에서 기조연설을 하게 되었죠. 그리고 자신의 이야기가 곧 미국의 이야기라고 말합니다. 미국은 모두에게 성공의 문이 열린 평등한 나라였고, 앞으로도 그래야 한다고 주장합니다. 연설 초반에 다섯 번 반복되는 dream이라는 단어는 마틴 루서 킹의 「저에게는 꿈이 있습니다」 연설을 떠오르게 합니다.

명백한 논거를 제시하다

Our pride is based on a very simple premise, summed up in a declaration made over two hundred years ago, (...) This year, in this election, we are called to reaffirm our values and commitments, to hold them against a hard reality and *see how we are measuring up*, to the legacy of our forbearers, and the promise of future generations.

우리의 긍지는 2백여 년 전 한 선언서에 요약된 아주 단순한 전제에 뿌리를 두고 있습니다. (…) 올해, 이번 선거에서 우리는 이 나라가 소중히 여기는 가치와 헌신하는 것들을 다시 확인하고, 이를 냉엄한 현실과 비교하여 과연 우리가 선대의 유산과 후대의 약속에 **얼마나 부응하고 있는지**를 돌아봐야 합니다.

오바마는 미국이 지켜야 할 신념을 다시 한번 상기시킵니다. 앞에서는 가족, 즉 자신의 이야기를 했고 이제 그 대상을 확대합니다. 미국이라는 나라의 이야기로 넘어가죠. 누구도 부인할 수 없는 명백한 논거, 2백여 년 전에 쓰인 「미국 독립선언서」를 제시하며 자유와 평등이 건국의 아버지로부터 전해져 온 고유의 가치이자 미국이 지켜야 할 신념임을 강조합니다. 이제 오바마가 묻습니다. "그런데, 이 신념은 지금 잘 지켜지고 있습니까?"

키케로는 연설자가 청중의 감정을 자극하고 신뢰를 획득하는 능력을 연설의 필수 요소로 꼽습니다. 그리고 아리스토텔레스는 수사학에서 감정(파토스)을 자극하여 설득을 이끌어 내려면 그 주장을 생생하게 묘사해야 한다고 말합니다. 오바마는 바로 이 고전 수사학의 원칙을 실천합니다.

오바마는 부시 정권, 즉 당시 여당인 공화당 정책의 문제점을 꼬집고 민주당 지지를 호소해야 합니다. 그는 부시 정권을 직접적으로 비난하지 않습니다. 지루한 정책 얘기를 꺼내지도 않죠. 대신 미국 국민 개개인의 이야기를 꺼내, 꽤 자세히 설명합니다. 미국을 상징하는 가전제품 공장에서 해고된 것도 모자라 시급 7달러짜리 일자리를 두고 자녀와 경쟁해야 하는 처지에 놓인 부모, 일자리를 잃고 건강보험 없이 매달 4,500달러에 달하는 아들의 약값을 걱정해야 하는 아버지. 이러한 생생한 묘사로 미국의 신념과 가치가 훼손되고 있음을 느끼게 합니다.

오바마는 안타까운 사연들에 숫자를 입혀 사실감을 높이고 청중의 감정을 휘젓습니다. 그렇게 공화당의 기업 친화적인 세금 정책과 건강보험 반대 입장을 우회적으로 비난합니다. 이어서 연달아 반복되는 More work to do는 청중에게 민주당이 이 문제들을 바로잡을 준비가 되어 있다는 인식을 심어 줍니다.

And fellow Americans—Democrats, Republicans, Independents—I say to you tonight: we have *more work*

to do. More to do for the workers I met in Galesburg, (…)
More to do for the father I met who was losing his job (…)
More to do for the young woman in East St. Louis…

국민 여러분, 민주당 지지자 여러분, 공화당 지지자 여러분, 무無당과
유권자 여러분. 오늘 밤 여러분께 말씀드립니다. 우리가 **해야 할 일들이 더
있습니다.** 게일즈버그의 노동자들을 위해 **해야 할 일이 더 있습니다.** (…)
일자리를 잃은 한 가정의 아버지를 위해 **해야 할 일이 더 있습니다.** (…)
이스트세인트루이스의 젊은 여성을 위해 **해야 할 일이 더 있습니다.**

미국의 신념을 드러내는 명백한 논거, 이 신념을 뒤흔드는 국민들 개개
인의 이야기, 문제를 바로잡을 준비가 되어 있는 민주당. 이로써 오바마
는 현장에 있는 청중의 신뢰를 샀습니다.

가시가 잔뜩 박힌 표현: or at least, most of the time

미국이라는 나라의 위대함을 역설하던 오바마는 다음 문장으로 공화당
에 회심의 한 방을 날립니다.

> That we can participate in the political process without
> fear of retribution, and that *our votes will be counted—or
> at least, most of the time.*
> 보복에 대한 두려움 없이 정치 과정에 참여할 수 있고, **우리가 던진 표가**

집계될 거라는 것. 적어도 대부분은 집계될 거라는 것.

배경지식 없이 읽으면 그냥 흘려보낼 수 있는 평범한 문장이지만 공화당에게는 이 문장이 참 거슬렸을 겁니다. 2000년 11월, 제43대 미국 대통령 선거 개표일. 당시 공화당의 조지 부시와 민주당의 앨 고어가 맞붙었죠. 초접전이었습니다. 결과적으로 1876년 대통령 선거 이후 가장 적은 선거인단 표차를 기록했으니까요.* 초반에는 부시가 앞섰지만 개표가 진행되면서 고어가 역전했습니다. 그리고 저녁 8시경이 되었을 때 고어는 약 250명의 선거인단을 확보하며 승리까지 단 21표만을 남겨둡니다. 25명의 선거인단을 보유한 플로리다주에서 고어가 크게 앞서고 있었기에 대부분의 방송사는 고어의 승리에 무게를 두었죠. 그런데 단 두 시간만에 상황이 바뀝니다. 부시가 고어를 바짝 추격하면서, 고어 승리를 예측하던 방송사들이 '승부를 예측하기 어렵다too close to call'며 앞서 내놓은 보도를 철회합니다. 이제 모두의 관심이 플로리다주로 향합니다.

다음 날 새벽 2시 30분, 개표가 모두 끝나기도 전에 방송사들은 플로리다주를 포함하여 남은 몇 개 주를 부시 우세 지역으로 판정하며 부시의 승리를 선언합니다. 고어도 부시에게 선거 결과에 승복한다는 전화를 하죠. 좌절감에 휩싸인 앨 고어. 그러나 곧 한 줄기 희망이 찾아옵니다. 플로리다주 개표가 마무리되면서 두 후보의 플로리다주 표차가 단

* 미국의 대통령 선거는 우리나라와 다른 간접 선거입니다. 먼저 유권자들이 투표해서 주별로 선거인단 (electoral college)을 선출하고 이 선거인단이 다시 대통령을 뽑습니다. 각 주에서 한 표라도 더 많이 얻은 후보가 그 주의 선거인단 수 전체를 가져가는 승자 독식제라서, 일반 투표에서 더 많은 표를 얻은 후보가 최종적으로 대통령에 당선되지 못하는 경우도 발생합니다. 전체 선거인단 538명 중 과반수인 270명 이상을 확보하면 대통령이 되죠.

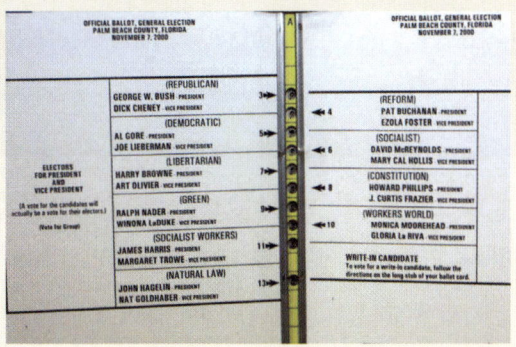

2000년 미국 대통령 선거 당시 로버트 로젠버그 판사가 플로리다주의 투표용지를 자세히 살펴보고 있다.(좌)
2000년 11월 7일 미국 대통령 선거 공식 투표용지(플로리다주 팜비치 카운티)(우)

0.1퍼센트라는 소식이 전해진 것이죠. 두 후보의 표차는 단 1,784표! 플로리다주 법에 따르면 표차가 0.5퍼센트 이내면 재검표가 진행됩니다. 고어는 즉시 승복을 철회하고 법적 싸움을 시작합니다.

고어 측이 먼저 움직입니다. 플로리다주 법에 따라 4개 카운티를 대상으로 수작업 재검표를 요청하죠. 해당 선거구 선거조사위원회는 법적 절차에 따라 11월 12일 수작업을 진행합니다. 대상 카운티는 마이애미-데이트, 브로워드, 팜비치, 볼루시아. 그런데 문제는 시간! 플로리다주 법에 따라 11월 14일 오후 5시까지 재검표 결과를 보고해야 합니다. 이틀 만에 그 많은 투표용지를 하나씩 확인하는 일은 물리적으로 불가능했지요. 고어는 발 빠르게 대처합니다. 지방법원에 기한 연장을 요청하죠.

물론 부시 측도 가만히 있지 않습니다. 수작업 재검표를 중단할 것과 재검표 결과를 반영하지 않아야 한다는 주장을 플로리다주 지방법원에 제기하죠. 하지만 수작업 중단 요청은 거부당합니다. 그리고 11월

21일, 플로리다주 대법원은 마이애미-데이트, 브로워드, 팜비치 카운티의 수작업 결과를 선거에 반영하기로 결정하며, 결과 보고 기한을 11월 26일 5시까지로 연장합니다. 앨 고어의 손을 들어준 것이지요. 당시 플로리다주 대법관 총 7명 중 6명이 민주당 사람들이었으니 예상된 결과로 볼 수 있습니다. 이제 부시는 연방 대법원으로 향합니다. 플로리다주가 선거법을 다시 쓰고 있다고 비난하며.

결과는 어떻게 됐을까요? 12월 12일 연방 대법원은 부시의 손을 들어주며 재검표를 전면 중단하라고 명합니다. 그렇게 플로리다주는 부시에게 돌아갔고, 승부는 끝났습니다.

고어의 마지막 희망은 사라졌지만, 여전히 몇 가지 의문점이 남습니다. 당시 플로리다주에는 중범죄자의 투표권을 박탈하는 법이 있었는데, 잘못된 데이터베이스가 사용된 것이 뒤늦게 드러났습니다. 약 6만 명의 무고한 시민들이 투표권을 박탈당한 것이죠. 그리고 이들 대부분이 민주당 지지 성향이 강한 아프리카계 미국인이었습니다. 당시 플로리다 주지사가 조지 부시의 동생이었기에 공화당이 선거 과정을 조작했다는 의혹이 제기되기도 했습니다.

또 다른 의문점은 투표용지입니다. 팜비치 카운티의 나비형 투표용지는 복잡한 배열 때문에 유권자들을 혼란에 빠뜨렸고, 고어를 찍는 칸과 그 밑의 다른 후보자를 찍는 칸을 혼동하는 사태가 발생했습니다. 같은 플로리다주 내에서 일반 투표용지를 사용한 카운티보다 팜비치 카운티에서만 세 번째 후보의 득표율이 약 5배가 높게 나온 것이죠. 그 무명의 후보도 결과에 놀라며 문제가 있었음을 시인했지요. 오바마는 바로 이 기억을 소환한 것입니다. at least, most of the time이라는 짧은 구절

안에, 투표가 공정하게 집계되지 않았던 현실, 특히 2000년 대선에서 민주당의 상처를 날카롭게 드러낸 것입니다.

이제 본론을 꺼낼 차례, 존 케리

They know we can do better. And they want that choice.
In this election, we offer that choice. Our party has chosen
a man to lead us who embodies the best this country has
to offer. *That man is John Kerry.*

국민들은 우리가 더 잘할 수 있다는 걸 알고, 그와 같은 선택을 원합니다.
이번 선거에서 우리가 그와 같은 선택을 제시하고자 합니다. 우리 당은
이 나라가 국민에게 제공해야 하는 최선의 것들을 체화한 인물을 대선
후보로 선택했습니다. **바로 존 케리입니다.**

아리스토텔레스는 연설의 세 가지 요소로 에토스(연설자의 매력, 신뢰성), 파토스(감정), 로고스(논리)를 꼽았는데, 그중에서도 에토스가 가장 중요하다고 말합니다. 아무리 뛰어난 사람이라 해도 낯설고 싫은 사람이 하는 말에는 귀를 기울이지 않는 게 인간의 본성이기 때문입니다. 오바마는 이 점을 정확히 알고 있습니다. 그는 존 케리라는 이름을 꺼내기 전에 먼저 자신을 드러내며 청중과의 신뢰를 쌓는 과정을 거쳤던 것이죠. 오바마의 연설문 속 단어 수는 약 2,300개입니다. 거의 1,000번째 단어로 처음 '존 케리'라는 이름이 등장합니다. 절반 가까이 지나서야 본론을

꺼낸 것이죠. 청중이 이 낯선 연설자에게 마음을 연 뒤에야 존 케리라는 이름을 받아들일 것이라는 계산이 섰던 것입니다.

국민의 마음을 대변하듯 오바마는 국민people을 나타내는 They(their)를 14번 반복하며 국민 모두가 더 나은 삶을 살고 싶어 한다고 외칩니다. 그리고 더 나은 삶으로 가는 길이 곧 존 케리라고 말하며 본격적으로 그를 향한 지지의 목소리를 높입니다.

> *John Kerry believes in an America* where hard work is rewarded. (…) *John Kerry believes in an America* where all Americans can afford the same health coverage our politicians in Washington have for themselves. *John Kerry believes* in energy independence, so we aren't held hostage to the profits of oil companies or the sabotage of foreign oil fields.
>
> **존 케리가 믿는 미국**은 성실함이 보상받는 나라입니다. (…) **존 케리가 믿는 미국**은 모든 국민이 워싱턴의 정치인들과 동일한 건강보험 혜택을 받을 수 있는 나라입니다. **존 케리는** 에너지 자립을 이루어야 우리가 석유 회사의 이익이나 해외 유전의 생산 방해 행위에 휘둘리지 않을 수 있다고 **믿습니다**.

오바마는 존 케리의 정치적 업적을 일일이 열거하지 않습니다. 대신에 believe라는 단어를 반복하며 존 케리가 가진 미국의 신념을 설명하죠. 그리고 America, John Kerry, hope를 반복하며(각각 27번, 13번, 11번)

청중의 뇌에 '미국의 희망은 존 케리'라는 메시지를 깊이 각인시킵니다. 이것이 반복의 힘입니다.

한편 이 말에는 공화당을 향한 날이 선 비판이 숨어 있습니다. 오바마는 존 케리가 국내에 일자리를 창출하는 기업에 혜택을 줄 것이며, 석유 회사의 이윤 추구에 휘둘리지 않을 것이라고 말합니다. 겉으로는 케리의 신념을 강조하지만, 동시에 공화당이 내건 정책의 문제점을 우회적으로 드러냅니다. 공화당의 잘못된 세금 정책 때문에 미국의 제조 공장들이 해외로 이전하여 미국 내 일자리가 줄어들었고, 공화당과 석유 회사의 유착 관계 때문에 서민은 생활고에 시달리는데도 석유 회사는 이윤 잔치를 벌였다고 비판하는 것입니다.

민주당이 석유 회사를 싫어하는 이유

오바마는 연설에서 석유 회사를 꼬집어 비난합니다. 석유 회사가 얼마나 탐욕스러웠길래 미국 국민이 석유 회사의 이윤 추구에 휘둘렸다고 표현했을까요?

석유 가격은 서민 경제에 직·간접적으로 큰 영향을 줍니다. 석유 가격이 오르면 난방비, 대중 교통비, 전기요금이 올라가죠. 그에 따라 원료비, 물류비 등 생산 원가가 올라 고용에도 타격이 갈 수밖에 없지요. 이렇게 경제를 움직이는 석유 가격이 1990년대 초중반까지는 배럴당 10달러 수준이었지만, 2000년에는 30달러, 2004년에는 40달러까지 치솟습니다. 그 배경에는 9·11 테러와 이라크 전쟁이 있었습니다. 산유국들을 비롯해 세계 정세가 불안정해질수록 석유 가격은 오르고, 이는 곧 서민의 부담으로 이어집니다.

그런데 이 상황에서 석유 회사들은 가격을 안정화하거나 억제하기는커녕 오히려 이익을 극대화했습니다. 물 들어올 때 노 젓는 격이었습니다. 거대 석유 회사인 엑슨모빌의 순이익은 2000년 177억 달러에서 2004년 253억 달러로, 셰브론은 같은 기간 52억 달러에서 133억 달러로 불어났습니다. 오바마는 이 탐욕스러운 이윤을 정조준한 것이죠.

자본주의 사회에서 기업이 이윤을 추구하는 것은 당연합니다. 더군다나 자유 경제를 옹호하는 미국에서 말이죠. 그럼에도 민주당이 석유 회사를 적대적으로 보는 이유가 무엇일까요? 그것은 민주당의 정체성과 관련이 있습니다.

분야	공화당	민주당
정부 역할	작은 정부 (시장 자율 중시)	큰 정부 (정부의 적극적인 개입)
세금	낮은 세금, 감세 정책 선호 (기업과 고소득층 세금 인하)	부유층 증세, 서민 감세 (사회 복지 확대를 위한 세금 증가)
환경·에너지	화석연료 지원, 환경 규제 완화	기후 변화 대응, 재생에너지 투자
사회 복지	복지 축소, 자립 강조	복지 확대, 빈곤층 지원 강화
교육	학교 선택권 확대 (사립 학교 지원)	공립 교육 강화 (대학 학비 지원)
노동	기업 친화적, 노동조합 약화	노동자 및 조합 보호

환경 및 에너지 분야에서 공화당과 민주당이 각각 어떤 정책을 지지하는지 살펴보면, 민주당은 기후 변화 대응과 재생에너지 투자를 지지합니다. 당연히 석유 회사로서는 민주당이 좋을 리 없죠. 석유 회사의 공화당

백악관 집무실에서 세금 감면 법안과 관련해
대국민 연설을 하는 로널드 레이건 대통령(1981년)

지구 온난화를 다룬 다큐멘터리
「불편한 진실(An Inconvenient Truth)」에 출연한
앨 고어

편애는 로비 자금의 차이에서 명백히 드러납니다. 석유 회사가 공화당과 민주당에 쓴 로비 자금은 1990년대까지는 6:4의 비율이었으나 2000년 대에 들어서는 8:2로 차이가 벌어졌고, 최근에는 9:1 수준으로 공화당에 몰리고 있습니다.

석유 회사가 공화당을 선호하는 이유는 역사에서 찾을 수 있습니다. 미국 석유 산업은 1859년 펜실베이니아주에서 첫 유전이 발견되며 시작됐습니다. 록펠러가 세운 기업 스탠더드 오일Standard Oil이 시장을 지배했습니다. 전 세계는 크고 작은 전쟁을 거치면서 석유를 경제 성장과 세계 패권의 핵심 자원으로 인식하고, 미국 공화당은 기업 친화적인 정책을 펴며 석유 산업을 빠르게 성장시켰습니다. 1973년 1차 석유 파동이 터지고 미국 경제가 심각한 타격을 입자, 공화당의 로널드 레이건 대통령은 기업 규제 완화와 감세 정책을 펼치면서 특히 석유 산업과의 결속을 강화했습니다.

한편 2000년대 초 민주당의 앨 고어는 기후 변화와 환경 보호를 의제로 제시했고 민주당은 재생에너지 투자와 탄소 절감을 주장했습니다. 이에 위협을 느낀 석유 회사들은 공화당에 막대한 로비 자금을 쓰면서 자신들의 이해를 지키려 했습니다. 그 결과 석유 회사들과 공화당의 유착 관계가 더 깊어진 것이죠. 이러한 맥락에서 공화당의 트럼프 대통령이 취임 직후인 2017년과 2025년, 두 차례에 걸쳐 파리 기후 변화 협정에서 탈퇴하는 행정명령에 서명한 것도 이해할 수 있습니다.

그러므로 오바마의 발언은 단순히 석유 회사를 비판하는 것이 아닙니다. 탐욕스러운 석유 회사와 공화당의 뿌리 깊은 유착 구조를 드러낸 것이죠. 또한 오마바는 에너지 자립을 통한 기후 변화 대응과 재생에너지 투자가 민주당이 고수하는 단순한 이상이 아니라 미국인들의 안정된 삶과 직결된 문제임을 강조한 것입니다.

아껴둔 must를 쏟아내다

When we send our young men and women into harm's way, we have a solemn obligation not to fudge the numbers or shade the truth about why they're going, to care for their families while they're gone, to tend to the soldiers upon their return, and to never ever go to war without enough troops to win the war, secure the peace, and earn the respect of the world. Now let me be clear.

We have real enemies in the world. *These enemies must be found. They must be pursued and they must be defeated.*

우리 청년들을 사지로 보낼 때 우리에게는 엄숙한 의무가 있습니다. 숫자를 조작하거나 그들이 참전하는 이유에 대한 진실을 왜곡하지 않고, 그들이 고국을 떠나 있는 동안 그들의 가족을, 돌아온 후에는 그들을 보살펴 주며, 전쟁에 이겨 평화를 지키고 세계의 존경을 받을 수 있는 충분한 병력이 없이는 결코 전쟁에 나서지 않는 것입니다. 이제 분명히 말씀드리겠습니다. 이 세상에 미국의 적은 분명 존재합니다. **우리는 이 적들을 색출해야 합니다. 찾아내어 무찔러야 합니다.**

2996명. 2001년 9월 11일, 9·11테러로 목숨을 잃은 미국인의 숫자입니다. 하루아침에 사랑하는 가족과 친구를 잃은 미국인들은 충격과 슬픔에 빠집니다. 그리고 그 악evil을 멸하겠다며 공화당의 부시 행정부가 시작한 아프가니스탄 전쟁은 명분이 뚜렷합니다. 그렇기에 전쟁을 반대한다는 말은 조심해야 합니다. 역효과를 불러올 수 있기 때문입니다.

따라서 오바마는 전쟁의 옳고 그름을 따지지 않습니다. 부시 정권의 정책을 비판하면서도 적과의 싸움은 불가피하다는 태도를 분명히 합니다. must를 세 번 반복하며 적은 반드시 처단해야 한다고 강조합니다. 이 연설에 must는 총 다섯 번 사용되었는데, 그중 네 번이 전쟁과 안보 문제를 언급하는 대목에 집중되어 있습니다. 이 민감한 주제에 민주당이 얼마나 단호한지를 대중에게 각인시키는 것이죠.˙

• 존 케리는 일관되게 전쟁을 지지한 반면 오바마는 기조연설 이전부터 전쟁에 반대하는 입장을 명확히 밝혀 왔습니다. 오바마와 존 케리의 견해가 충돌한 것이지요. 따라서 이 애매한 부분을 해명할 필요도 있었을 것입니다. 자칫 공화당의 역공을 당할 수 있는 부분이니까요.

어려운 내용일수록 감정에 호소한다

오바마의 연설에는 하나의 패턴이 있습니다. 부분에서 시작해 전체로 확장되는 구조입니다. 자신의 가족 얘기에서 미국의 얘기로, 존 케리의 신념에서 민주당의 신념으로 주제가 확대되지요. 이런 구조를 통해 청중은 연설의 내용을 더 잘 이해하고 쉽게 공감할 수 있습니다.

민주당은 복지와 조화를 중요하게 생각하고 늘 공동체의 책임을 강조합니다. 자, 여러분이라면 이런 당의 철학을 어떻게 알리시겠습니까? 보통 정치인들은 당의 성공 사례를 제시하거나, 마땅한 성공 사례가 없다면 상대편을 끌어내리는 전략을 쓰지요.

If there's a child on the south side of Chicago who can't read, that matters to me, even if it's not my child. If there's a senior citizen somewhere who can't pay for her prescription and has to choose between medicine and the rent, that makes my life poorer, even if it's not my grandmother. If there's an Arab American family being rounded up without benefit of an attorney or due process, that threatens my civil liberties.

시카고 남부의 한 아이가 글을 읽을 수 없다면 제 아이가 아니더라도 문제가 됩니다. 어떤 어르신이 형편이 어려워 처방약을 살 수 없고 약값과 월세 중 하나만 낼 수 있다면 제 할머니가 아니어도 제 삶이 팍팍해집니다. 한 아랍계 가족이 변호사의 자문도 받지 못하고 적법한 절차도 밟지 못한 채 체포된다면 제 시민으로서의 자유가 위협받는 것입니다.

그러나 오바마는 이 부분에서도 개개인의 구체적인 이야기를 꺼내 듭니다. If there's...를 세 번 반복하며 글을 읽지 못하는 아이 이야기, 생활비가 부족해 약을 못 드시는 어르신 이야기, 부당하게 체포되는 아랍계 이민 가족 이야기를 사례로 제시합니다. 이성적 논리보다는 감정에 호소하는 것이지요. 로마의 수사학자 쿠인틸리아누스Quintilianus는 청중을 즐겁게 하고 때로는 감정적으로 호소하여 마음을 흔들어 놓지 못한다면 아무리 정당하고 진실한 명분이라도 설득할 수 없다고 합니다. 오바마가 구체적인 장면을 제시하며 추상적이고 복잡한 주제를 이성이 아닌 감정에 호소하는 이유가 바로 여기에 있습니다.

연설의 클라이맥스: 분열된 사회에서 통합이라는 카드를 꺼내다

9·11 테러 이후 미국 사회는 분열되었습니다. 전쟁을 옹호하는 편과 반대하는 편, 개신교도와 무슬림, 백인들과 소수민족 등으로 나뉘어 대립했죠. 이런 혼란스러운 상황에서 오바마는 '통합'이라는 카드를 꺼내 듭니다.

> *"E pluribus unum." Out of many, one.* (...) Well, I say
> to them tonight, there's not a liberal America and a

conservative America—there's the United States of
America. There's not a black America and white America
and Latino America and Asian America; there's the
United States of America.

'에 플루리부스 우눔.' 여럿으로 이루어진 하나. (…) 오늘 밤 그들에게
말합니다. 진보적인 미국과 보수적인 미국은 존재하지 않습니다. 오직
미합중국이 있을 뿐입니다. 흑인들의 미국, 백인들의 미국, 라틴계의 미국,
아시아계의 미국 같은 건 없습니다. 오직 미합중국이 있을 뿐입니다.

E pluribus unum. 1776년 미국 독립 당시 사용된 표어이며, '여럿으로
이루어진 하나'라는 뜻의 라틴어입니다. 13개의 식민지가 연합해 하나
의 나라, 미국이 되었다는 의미를 담고 있지요. 오바마는 이 표어를 언급
하며, '우리는 하나'라는 연대 의식이야말로 모든 미국인이 공유해야 할
신념임을 환기시킵니다.

오바마 연설의 핵심은 '통합'과 '희망'입니다. 그는 미국이라는 나
라의 건국 이래 이어져 온 국민 통합의 정신을 이 표어로 불러내어, 메시
지를 강화하는 수사학적 장치로 활용한 것입니다. 이제 이 뿌리를 바탕
으로 미국은 어느 한 정당, 한 종교, 한 인종의 나라가 아닌, 다양한 정당,
다양한 종교, 다양한 인종이 모인 한 나라임을 강조합니다. 이 표어는 무
명의 정치인 오바마의 운명을 바꿉니다. 국민들은 오바마를 분열된 사회
를 하나로 뭉쳐 이끌 수 있는 지도자로 보기 시작하죠.

In the end, that's what this election is about. *Do we participate in a politics of cynicism or a politics of hope?* John Kerry calls on us to hope. John Edwards calls on us to hope.

결국, 이번 선거의 목적은 이것입니다. **냉소의 정치에 동참하시겠습니까, 아니면 희망의 정치에 동참하시겠습니까?** 존 케리는 우리를 희망의 정치로 부르고 있습니다. 존 에드워즈는 우리를 희망의 정치로 부르고 있습니다.

오바마는 이렇게 묻습니다. "냉소의 정치를 원합니까, 희망의 정치를 원합니까?" 이 질문에는 공화당이 냉소적인 정치를 한다는 암시가 깔려 있지요. 통합을 외치는 오바마가 공화당을 대놓고 비난할 수 없으니 우회적이면서도 아주 영리하게 비판한 것입니다. 이 질문과 함께 오바마는 '희망'이라는 단어를 꺼냅니다. 오바마는 이 연설에서 단어 꿈dream과 희망hope을 각각 6번과 11번 반복합니다. 꿈은 과거를 논하는 연설 앞부분에 주로 등장하고 희망은 미래를 논하는 연설 뒷부분에 몰려 있습니다.

... and this country will reclaim its promise, and out of this long political darkness a brighter day will come.

그리고 이 나라는 약속을 되찾고 길었던 정치적 암흑기에서 빠져나와 더

밝은 날을 맞이할 것이라고…

오바마는 꿈dream과 희망hope뿐만 아니라, 미국America을 27번, 존 케리를 13번 반복합니다. 그가 의도적으로 반복한 이 단어들을 종합하면 청중에게 전하려는 단 한 문장이 모습을 드러냅니다. "모두의 희망이었던 아메리칸드림을 다시 실현하려면 존 케리를 뽑아야 한다." 동일한 단어를 반복하여 청중의 무의식에 핵심 메시지를 심어 넣는 것, 바로 오바마가 사용한 전략입니다.

도서관의 연방 요원을 언급한 이유

통합의 메시지를 전하는 도중 오바마는 갑자기 도서관을 언급합니다.

We worship an awesome God in the Blue States, and we don't like federal agents poking around *our libraries* in the Red States.

파란 주 시민들도 경이로운 하나님께 예배를 드리고, 붉은 주 시민들도 연방 요원들이 **도서관**을 뒤지며 다니는 걸 좋아하지 않습니다.

9·11 당시, 세계무역센터 남쪽 타워에 비행기가 충돌한 직후의 모습(좌)
뉴욕 소방국(NYFD)의 화재 진압 및 구조 활동 장면(우)

이 구절에 담긴 의도를 이해하기 위해서는 9·11 테러와 그 여파를 살펴볼 필요가 있습니다. 2001년 9월 11일. 미국 뉴욕시의 아침은 언제나처럼 활기찹니다. 그날 오전, 프랑스 출신 영화감독 쥘 노데Jules Naudet는 소방관을 소재로 한 다큐멘터리를 위해 뉴욕시의 신참 소방관을 인터뷰하는 영상을 촬영하고 있었죠. 그의 카메라에 우연히 테러의 첫 장면이 기록됩니다. 8시 46분. 갑자기 엄청난 굉음과 함께 고층 건물이 줄지어 늘어선 맨해튼 시내를 비행기 한 대가 빠르게 가로지릅니다. 몇 초 후, 아메리칸 항공 11편은 미국 경제의 상징인 쌍둥이 빌딩에 그대로 꽂힙니다.

비극은 여기서 끝나지 않습니다. 뉴욕 관제소는 승객 51명과 승무원 9명이 탄 유나이티드 항공 175편과 교신이 되지 않습니다. 9시 3분, 175편이 뉴욕 상공에 모습을 드러내지만 곧 또 다른 쌍둥이 빌딩의 허리에 그대로 꽂히며 폭발해 버립니다. 쌍둥이 빌딩은 시커먼 연기에 뒤덮이고, 결국 9시 58분과 10시 28분, 두 빌딩은 와르르 무너져 내립니다. 그 시간 초등학교 교실에서 아이들에게 동화책을 읽어 주고 있던 부시 대통령에게 비서실장이 다가가 귓속말로 보고합니다. "두 번째 비행기가 다른 건물에 충돌했습니다. 미국이 공격당하고 있습니다."

테러 이후 미국은 아프가니스탄에 전쟁을 선포합니다. 그리고 테러 방지를 위한 조치를 줄줄이 내놓지요. 그중 하나가 바로 애국자법USA PATRIOT Act입니다. 테러에 효과적으로 대응하기 위한 방침인데, 문제는 이 법률대로라면 정부 기관이 법원의 명령 없이도 국민들의 통화를 감청하고 이메일과 개인정보를 수집할 수 있다는 것입니다. 애국자법 215조에 따르면 FBI는 도서관과 서점에서 국민의 개인 정보를 요구할 수 있었습니다. 책 대출 기록을 통해 개인의 사상을 엿보고 테러 계획을 유추하기 위한 조치였습니다.

미국이 어떤 나라인가요? 사상의 자유, 표현의 자유가 헌법으로 보장되는 민주주의 국가입니다. 이런 나라에서 테러 방지라는 명분으로 정부가 개인의 자유를 침해하려고 하자 반발이 거셌습니다. 2005년 8월, FBI가 코네티컷 도서관에 이용자 대출 기록을 요구했지만 도서관은 제공을 거부했습니다. 결국 도서관이 연방 법원에 소송을 제기했고, 법원은 도서관의 손을 들어주었습니다.

오바마가 여기서 도서관을 언급한 것은 부시 행정부의 과도한 자유 침해는 민주당을 지지하는 주뿐만 아니라 공화당을 지지하는 주에서도 바라지 않는다는 점을 드러내기 위함입니다.

2004년 4월, 상원의원 시절의 오바마가
한 민주당 행사에서 연설하고 있다.

무명의 정치인이 기조연설자가 된 것은 운이었을까?

"Who the Heck Is This Guy?이 사람은 도대체 누구야?" 기조연설이 있던 날 오
전, 필라델피아의 한 신문이 오바마에 관해 쓴 기사 제목입니다. 민주당
전당대회•를 총괄하던 뉴멕시코 주지사도 오전에 연사 목록을 살펴보다
가 빌 클린턴, 지미 카터, 앨 고어 같은 거물급 인사 사이에 껴 있는 오바
마를 보고 "이 사람은 도대체 누구야?"라고 소리쳤다고 하죠. 기조연설
당시 오바마는 연방 의원도 아닌 일리노이주 상원의원이었습니다. 불과
4년 전만 해도 전당대회장에 들어가지 못해서 밖에서 TV로 행사를 지켜
봤던 무명 정치인이었죠. 그런 인물이 어떻게 전당대회의 기조연설자가
되었을까요?

• 미국에서 전당대회(national convention)는 대선이 있는 해에 각 정당이 대통령 후보와 부통령 후보
를 공식 지명하고 자신들의 정책 방향을 홍보하는 행사로, 정당의 메시지를 국민에게 알리는 매우 중요
한 정치 이벤트입니다.

기조연설이 있기 석 달 전, 오바마는 시카고에서 열린 민주당 기금 모금 행사에서 연설을 합니다. 청중을 압도하는 오바마에게 존 케리가 매료되었던 바로 그때, 누군가가 존 케리에게 말합니다. "저 사람 언젠가 전국구로 뛰겠네요." 이 순간, 오바마라는 인물이 존 케리의 마음에 각인됩니다.

전당대회를 두 달 정도 앞두고 존 케리의 선거 캠프는 기조연설자 후보를 추리기 시작했습니다. 이 작업에 당시 선거 사무장이었던 메리 베스 카힐Mary Beth Cahill이 참여했습니다. 어느 날 카힐은 타임지에 실렸던 오바마의 얼굴을 떠올렸고, 즉시 그의 평판을 조사하기 시작했습니다. 될성부른 나무는 떡잎부터 다른 걸까요? 오바마의 평판은 너무 훌륭했습니다. 그를 가르쳤던 교사는 '지난 몇십 년 동안 가장 큰 인상을 준 학생'이라고 높이 평가했고, 그의 하버드 동창생은 '오바마가 말하면 웨이터도 발걸음을 멈추고 들을 정도'라며 극찬했습니다.

한편 2004년 여름 실시된 여론조사 결과를 받아 든 민주당은 고민에 빠집니다. 공화당 후보 조지 부시를 지지한다고 답한 아프리카계 미국인의 수가 4년 전보다 늘어났기 때문입니다. 과거 대선에서도 민주당은 아프리카계 표를 충분히 확보하지 못해 부시에게 패배했죠. 민주당은 위기를 느꼈습니다. 이 상황에서 거론된 후보자는 모두 백인 주지사들이었습니다. 그러다 마지막으로 눈에 들어온 이름이 바로 지방 의원 버락 오바마. 성장 배경이 흥미로운 성공한 아프리카계 미국인! 민주당이 처한 상황을 풀어내기에 딱 맞는 인물이었죠.

성공한 사람들은 나의 성공은 우연이었다고 종종 말합니다. 그러나 우연만으로 설명할 수 없는 순간이 있습니다. 오바마의 무대 진출은 우연처럼 보였지만, 그 배경에는 정치적 계산과 시대의 요구, 그의 탁월한 자질이 씨줄과 날줄처럼 교차하고 있었습니다.

저는 오바마의 이 연설을 처음 들었을 때 어떤 연설이 머릿속에 스쳤습니다. 1976년 하원의원 바버라 조던Barbara Jordan의 민주당 전당대회 기조연설. 미국 역사상 최초로 흑인 여성이 연단에 오른 일이죠. 바버라 조던의 연설은 이렇게 시작합니다.

It was one hundred and forty-four years ago that members of the Democratic Party first met in convention to select a Presidential candidate. Since that time, Democrats have continued to convene once every four years and draft a party platform and nominate a Presidential candidate. And our meeting this week is a continuation of that tradition. But there is something different about tonight. There is something special about tonight. What is different? What is special? I, Barbara Jordan, am a keynote speaker.

지금으로부터 145년 전, 대통령 후보를 결정하기 위해 민주당 의원들이 처음으로 한자리에 모였습니다. 그날 이후로 민주당 당원들은 4년마다 모여 당론을 만들고 대통령 후보를 지명합니다. 이번 전당대회도 이러한 전통을 따른 것입니다. 그런데 오늘은 좀 다릅니다. 뭔가 특별합니다. 무엇이 다르고, 무엇이 특별할까요? 저, 바버라 조던이 기조연설자로 이 자리에 서 있다는 것입니다.

마지막 문장, I, Barbara Jordan, am a keynote speaker. 흑인 여성이 이런 자리에 서 있다는 것 자체가 아메리칸드림이 실현될 수 있다는 증거라는 말에 청중은 열광적인 박수로 화답합니다. 오바마 연설의 도입부도 비슷한 맥락입니다. '제가 이 연단에 서는 것은 거의 불가능한 일'이라는 말로 시작하죠. 이어서 자신 같은 사람이 이 자리에 서게 된 것은 자유와 평등이 살아 있는 미국이기에 가능한 일이라고 말합니다. 두 사람 모두 개인의 존재를 아메리칸드림, 즉 미국의 약속이 실현된 증거로 제시하고 있는 것이지요. 다음 두 문장도 비슷한 의미를 전합니다.

The citizens of America expect more. They deserve and they want more than a recital of problems. 바버라 조던
미국 국민들은 더 많은 것을 바라고 있습니다. 그저 나열된 문제를 듣기보다 그 이상의 것을 바라고 있으며 그것을 누릴 자격이 있습니다.

They know we can do better. And they want that choice. 버락 오바마
국민들은 우리가 더 잘할 수 있다는 걸 알고, 그와 같은 선택을 원합니다.

여러분이 기조연설을 한다면 어떤 준비부터 하시겠습니까? 저라면 먼저 제가 속한 당의 역대 기조연설을 읽어 볼 것 같습니다. 그중에서도 사람들의 관심을 가장 끈 연설을 주의 깊게 보겠죠. 바버라 조던의 기조연설은 미국인이 뽑은 20세기 가장 위대한 미국의 연설 100편 중 5위를 차지한 연설입니다. 미국인들에게 사랑받는 유명한 연설이죠. 두 연설이 닮은 것이 단순한 우연일까요? 저는 우연이 아니라는 데에 한 표 던집니다.

2 the representatives of the nation themselves? The

3 its jurisdiction are those offenses which proceed from

4 conduct of public men and that is what we are talking

5 In other words, [?] the abuse or violation of some

6 trust. It is wrong. I suggest, it is a misreading

7 Constitution for any member here to assert that fo

8 to vote for an Article of Impeachment means that

9 must be convinced that the President should be re

10 office. The Constitution doesn't say that. The

11 ing to impeachment are an essential check in th

12 body, the legislature, against and upon the enc

13 Executive. The division between the two branc

PART 2

위기 앞에 국가의 책임을
말하는 순간들

1

프랭클린 D. 루스벨트의
첫 번째 대통령 취임 연설

First Inaugural Address of
Franklin D. Roosevelt

1933년 루스벨트의 첫 번째 대통령 취임식

The only thing we have to fear is fear itself.
"우리가 두려워해야 할 유일한 대상은 두려움 그 자체입니다."

위기의 상황,
단호한 문장으로 난국을 정면 돌파한 리더의 연설

1930년대 초, 미국은 충격에 휩싸입니다. 32개 주 은행에서 국민들이 돈을 찾지 못했고, 노동자 4명 중 1명은 일자리가 없었으며, 농업과 공업 생산은 1920년대의 절반으로 급감했죠. 대공황의 시기였습니다. 모든 국민이 열패감에 젖어 있던 이 시기, 전 국민의 58% 지지라는 압도적 승리로 대통령이 된 프랭클린 D. 루스벨트. 그는 취임식에서 국민들을 향해 단호히 외칩니다. "우리가 두려워해야 할 유일한 대상은 두려움 그 자체입니다."

This is a day of national consecration*. I am certain that my fellow Americans expect | that on my induction* into the Presidency, | I will address them with a candor* and a decision | which the present situation of our Nation impels*. This is preeminently* the time to speak the truth, | the whole truth, | frankly and boldly. Nor need we shrink* from honestly facing conditions in our country today. This great Nation will endure, | as it has endured, | will revive* and will prosper.

So, first of all, | let me assert* my firm belief | that the only thing we have to fear is | fear itself—nameless, unreasoning*, unjustified* terror | which paralyzes* needed efforts to convert* retreat* into advance.

In every dark hour of our national life, a leadership of frankness and vigor* | has met with that understanding and support of the people themselves | which is essential to victory. I am convinced that you will again give that support to leadership | in these critical days.

consecration 헌신, 서품(식), 축성 induction 취임(식) candor 솔직, 정직, 공평무사
impel 몰아붙이다, 재촉하다 preeminently 특히, 현저하게 shrink 줄어들다, 오그라들다
revive 회복하다, 활기를 되찾다 assert 단언하다, 확언하다 unreasoning 비이성적인, 맹목적인
unjustified 정당하지 않은 paralyze 마비시키다 convert 전환하다, 변화시키다 retreat 후퇴,
철수 vigor 활기, 활력, 박력

오늘은 국가적 헌신의 날입니다. 국민 여러분께서는 제가 대통령 취임식에서 우리가 처한 현 상황이 요구하는 솔직함과 결단력을 갖고 연설할 것을 기대하고 계실 겁니다. 지금은 특히 진실을, 있는 그대로의 진실을 솔직하고 담대하게 말해야 하는 때입니다. 우리는 지금 이 나라가 처한 상황을 피하지 말고 정직한 자세로 대면해야 합니다. 이 위대한 나라는 지금까지 그래 왔던 것처럼 앞으로도 어려움을 잘 견뎌내고, 회복하고, 번영할 것입니다.

그래서 먼저 저의 확고한 신념을 말씀드리겠습니다. 우리가 두려워해야 할 유일한 대상은 두려움 그 자체입니다. 설명할 수 없고 비이성적이며 정당하지 않은 공포는 후퇴를 전진으로 바꾸기 위해 필요한 노력을 마비시킵니다.

우리나라의 암울했던 시기마다 진솔하고 박력 있는 지도자는 승리의 필수 요소인 국민의 이해와 지지를 얻어냈습니다. 그리고 이 중요한 시기에 여러분은 다시 한번 저에게 그러한 지지를 보내 주실 거라고 확신합니다.

In such a spirit on my part and on yours | we face our common difficulties. They concern, thank God, only material things. Values have shrunken to fantastic levels; taxes have risen; our ability to pay has fallen; government of all kinds is faced by serious curtailment˙ of income; the means of exchange are frozen in the currents of trade; the withered˙ leaves of industrial enterprise lie on every side; farmers find no markets for their produce; and the savings of many years in thousands of families are gone.

More important, | a host of unemployed citizens face the grim˙ problem of existence, | and an equally great number toil˙ with little return. Only a foolish optimist can deny the dark realities of the moment.

Yet our distress˙ comes from no failure of substance˙. We are stricken˙ by no plague˙ of locusts. Compared with the perils˙ | which our forefathers conquered, | because they believed and were not afraid, | we have still much to be thankful for. Nature still offers her bounty˙ | and human efforts have multiplied it. Plenty is at our doorstep, | but a generous use of it languishes˙ in the very sight of the supply.

---

curtailment 축소, 삭감 withered 시든, 활기를 잃은 grim 암울한, 가혹한 toil 노역, 고역
distress (정신적) 고통, 어려움 substance 물질, 실체 stricken (재난·질병 등에) 시달리는,
고통받는 plague (큰 손해를 끼치는 많은 수의 동물·곤충) 떼 peril 위험(성) bounty 풍부함
languish 약화되다

이러한 마음가짐으로 저와 여러분은 공통의 어려움에 직면해 있습니다. 다행히도 그 어려움들은 물질적인 것에 국한되어 있습니다. 자산 가치가 터무니없는 수준으로 하락했고, 세금은 올랐는데 지불 능력은 감소했으며, 정부 기관 모두 수입이 심각하게 줄어든 상황을 마주하고 있습니다. 무역에서 통용되는 교환 수단이 꽁꽁 얼어붙었고, 산업체는 도처에 널린 마른 잎사귀처럼 주저앉았습니다. 농부들은 농작물 팔 곳을 찾지 못하고 있고, 수천 가구가 수년간 저축하여 모은 돈이 증발했습니다.

더 심각한 문제가 있습니다. 수많은 실직자들이 암울한 생존 문제에 직면해 있으며, 실직자 수만큼 많은 이들이 얼마 되지도 않는 일당을 받으며 힘들게 일하고 있습니다. 어리석은 낙관주의자만이 현재의 어두운 현실을 부정할 수 있습니다.

하지만 우리가 겪고 있는 고통이 물질적인 실패에 기인하는 것은 아닙니다. 우리는 메뚜기 떼의 습격을 받고 있는 게 아닙니다. 우리 선조들이 믿음을 갖고 두려워하지 않았기에 극복해 낸 위험들과 비교해 보면 우리는 아직도 감사할 것이 많습니다. 자연은 여전히 우리에게 풍요를 선사하며, 인간은 노력으로 그 풍요를 더욱 늘렸습니다. 하지만 풍요를 코앞에 두고도 우리는 이를 마음껏 누리지 못하고 있습니다.

Primarily, this is because the rulers of the exchange of mankind's goods have failed, through their own stubbornness* and their own incompetence*, have admitted their failure, and abdicated*. Practices of the unscrupulous* money changers stand indicted* in the court of public opinion, rejected by the hearts and minds of men.

True, they have tried, but their efforts have been cast in the pattern of an outworn* tradition. Faced by failure of credit, they have proposed only the lending* of more money. Stripped of* the lure of profit by which to induce* our people to follow their false leadership, they have resorted to* exhortations*, pleading* tearfully for restored confidence. They know only the rules of a generation of self-seekers*. They have no vision, and when there is no vision the people perish*.

The money changers have fled from their high seats in the temple of our civilization. We may now restore that temple to the ancient truths. The measure of the restoration* lies in the extent to which we apply social values more noble than mere monetary profit.

stubbornness 완고함, 아집 incompetence 무능, 기술 부족 abdicate 물러나다, 사임하다 unscrupulous 부도덕한, 무원칙한 indict 기소하다, 비난하다 outworn 낡은 lending 대출, 대여 stripped of ~를 빼앗긴 induce 설득하다, 유도하다 resort to ~에 의지하다[기대다] exhortation 간곡한 권고, 충고 plead 애원하다, 간청하다 self-seeker 이기주의자, 자기 본위의 인간 perish 소멸되다, 몰락하다 restoration 복원, 회복, 부활

가장 큰 원인은 인류 재화의 교환을 관장하는 이들이 아집과
무능력으로 인해 실패했고, 실패를 인정한 뒤 물러났기 때문입니다.
부도덕한 금융업자들의 관행이 여론의 심판대에 올랐고, 국민의 감성과
이성은 그런 관행을 받아들이지 못했습니다.

물론 금융업자들도 노력은 했습니다. 하지만 그 노력은 낡은 전통의
틀에 갇혀 있었습니다. 신용 대출로 문제가 발생하자 더욱 많은 대출을
권할 뿐이었고, 이익이라는 미끼로 국민을 유인할 수 없게 되자 간곡한
권고에 기대며 신뢰를 되찾기 위해 눈물로 호소했습니다. 금융업자들은
이기주의적인 세대의 규칙만을 알았던 것입니다. 그들은 비전이
없으며, 비전이 없을 때 국민은 소멸의 길을 걷습니다.

금융업자들은 인류 문명이라는 신전의 높은 자리에 앉아 있다가
달아났습니다. 이제 우리는 그 신전을 고대의 진리로 복원할 수
있습니다. 우리가 금전적 이익보다 더 고귀한 사회적 가치를 따를 때
그 복원은 이루어질 수 있습니다.

Happiness lies not in the mere possession of money; it lies in the joy of achievement, in the thrill of creative effort. The joy and moral stimulation* of work ı no longer must be forgotten in the mad chase* of evanescent* profits.

These dark days will be worth all they cost us ı if they teach us that our true destiny is not to be ministered* unto ı but to minister to* ourselves and to our fellow men.

Recognition of the falsity* of material wealth as the standard of success ı goes hand in hand with* the abandonment* of the false belief ı that public office and high political position are to be valued ı only by the standards of pride of place and personal profit; and there must be an end to a conduct in banking and in business ı which too often has given to a sacred trust ı the likeness of callous* and selfish wrongdoing.

Small wonder that confidence languishes, ı for it thrives only on honesty, ı on honor, ı on the sacredness* of obligations, ı on faithful protection, ı and on unselfish performance; without them ı it cannot live.

stimulation 자극, 고무 chase 좇음, 추격 evanescent 덧없는, 무상한 minister 보살피다, 도움을 주다 falsity 허위, 거짓 go hand in hand with ~와 함께 가다 abandonment 포기, 폐기 callous 몰인정한, 냉담한 sacredness 신성함, 존엄성

행복은 비단 돈을 소유하는 데에만 있지 않고 성취의 기쁨, 창의적인 노력을 할 때 느끼는 쾌감에도 있습니다. 덧없는 이익을 광적으로 좇느라 일이 주는 기쁨과 도덕적 자극을 잊어서는 안 됩니다.

우리의 진정한 운명은 다른 사람에게 섬김을 받는 것이 아니라 우리 자신과 이웃을 섬기는 것임을 깨달을 수 있다면 이 암울한 시대는 모든 대가를 치를 만한 가치가 있을 것입니다.

우리는 물질적 풍요가 성공의 기준이 아님을 깨달음과 동시에 높은 지위와 개인 소득만으로 공직과 정당 고위직을 평가하려는 그릇된 믿음을 버려야 합니다. 신성한 신뢰를 몰인정하고 이기적인 악행으로 둔갑시키는 은행과 기업의 행태에 마침표를 찍어야 합니다.

신뢰가 약해지는 것은 당연한 일입니다. 신뢰라는 것은 정직과 존경 위에, 의무를 신성하게 여기는 마음에, 진심 어린 보호 속에, 남을 위한 행동 가운데 자라기 때문입니다. 이런 것들이 없다면 신뢰는 소멸합니다.

Restoration calls, however, | not for changes in ethics alone. This Nation asks for action, | and action now.

Our greatest primary task is to put people to work. This is no unsolvable˙ problem | if we face it wisely and courageously. It can be accomplished in part | by direct recruiting by the Government itself, | treating the task as we would treat the emergency of a war, | but at the same time, through this employment, | accomplishing greatly needed projects | to stimulate and reorganize the use of our natural resources.

Hand in hand with this | we must frankly recognize the overbalance˙ of population in our industrial centers | and, by engaging on a national scale in a redistribution˙, | endeavor˙ to provide a better use of the land | for those best fitted for the land. The task can be helped by definite efforts | to raise the values of agricultural products and with this | the power to purchase the output of our cities.

unsolvable 해결 불가능한 overbalance 초과, 과잉 redistribution 재분배
endeavor 노력하다, 시도하다

하지만 도덕적 변화만으로는 경제 회복이 이루어지지 않습니다. 우리에게 필요한 것은 행동입니다. 지금 당장 행동해야 합니다.

우리의 최우선 과제는 국민에게 일자리를 마련해 주는 것입니다. 지혜와 용기를 갖고 대처한다면 일자리 문제는 해결 불가능하지 않습니다. 이 과제를 전시 비상사태처럼 다루어 정부가 인력을 직접 고용한다면 어느 정도 해결할 수 있습니다. 그러나 동시에, 이러한 고용으로 천연자원의 사용을 촉진하고 재편하는 데 반드시 필요한 사업들도 완수해야 합니다.

아울러 산업 중심지들의 인구 과잉 문제를 있는 그대로 인식하고, 국가적 차원에서 인구를 재분배하여 농토에 가장 적합한 사람들이 그 땅을 더 잘 활용할 수 있도록 해야 합니다. 농산물의 가치를 높이면서 농민들의 도시 생산품 구매력을 강화하려는 확고한 노력으로 과제를 달성할 수 있습니다.

It can be helped by preventing realistically the tragedy of the growing loss | through foreclosure* of our small homes and our farms. It can be helped by insistence* | that the Federal, State, and local governments act forthwith* | on the demand that their cost be drastically reduced.

It can be helped by the unifying* of relief activities | which today are often scattered*, uneconomical, and unequal.
It can be helped by national planning for and supervision of | all forms of transportation and of communications and other utilities* | which have a definitely public character.

There are many ways in which it can be helped, | but it can never be helped merely by talking about it. We must act and act quickly.

Finally, in our progress toward a resumption* of work | we require two safeguards* against a return of the evils of the old order; there must be a strict supervision of all banking and credits and investments; there must be an end to speculation* with other people's money, | and there must be provision* for an adequate* but sound currency.

---

foreclosure 압류, 차압, (빌려 간 돈에 대한) 담보권 행사 insistence 주장, 요구 forthwith 곧, 당장 unifying 통합, 일원화 scattered 산발적인, 분산된 utilities 공공시설, (전기·수도·통신 등) 공익사업 resumption (중단 후의) 재개 safeguard 안전[보호] 장치 speculation 투기 provision 공급, (법적·제도적) 마련 adequate 충분한, 적절한

국민의 작은 주택과 농장이 압류되어 손실이 커지는 이 비극을 현실적인 조치로 예방함으로써 과제를 달성할 수 있습니다. 연방 정부와 주 정부, 지방 정부 지출을 대폭 삭감하자는 요구를 즉시 이행하려는 단호한 태도로서 과제를 달성할 수 있습니다.

현재 산발적이고 비경제적이며 불평등하게 이루어지고 있는 구제 활동을 통합함으로써 과제를 달성할 수 있습니다. 분명하게 공공재 성격을 지닌 모든 형태의 교통과 통신 수단, 기타 공공시설에 대해 국가 차원의 계획을 수립하고 감독함으로써 과제를 달성할 수 있습니다.

과제를 달성할 수 있는 방법은 이렇게 많지만, 탁상공론은 아무 도움도 되지 않습니다. 행동해야 합니다. 신속하게 행동해야 합니다.

마지막으로, 일자리를 회복하는 과정에서 옛 질서의 폐해가 재현되지 않도록 두 가지 안전 장치가 필요합니다. 모든 금융 업무와 신용 거래, 투자를 엄격히 관리 감독해야 합니다. 타인의 돈을 이용한 투기를 근절해야 하고, 적절하고 건전한 통화 흐름을 위한 규정을 반드시 마련해야 합니다.

There are the lines of attack*. I shall presently* urge upon
a new Congress in special session | detailed measures for their
fulfillment*, | and I shall seek the immediate assistance of the
several States.

Through this program of action | we address ourselves to
putting our own national house in order | and making income
balance outgo. Our international trade relations, though vastly
important, | are in point of time and necessity | secondary to
the establishment of a sound national economy.

I favor as a practical policy | the putting of first things first.
I shall spare no effort* | to restore world trade by international
economic readjustment*, | but the emergency at home cannot
wait on that accomplishment.

The basic thought that guides these specific means of national
recovery | is not narrowly nationalistic*. It is the insistence,
as a first consideration, | upon the interdependence of the
various elements in all parts of the United States—a recognition
of the old and permanently* important manifestation* | of the
American spirit of the pioneer.

---

a line of attack 해결 전략 presently 곧, 이내 fulfillment 이행, 실천 spare no effort 노력을
아끼지 않다 readjustment 재조정 nationalistic 국수주의적인, 민족주의적인 permanently
영구히 manifestation 발현, 나타남, 명시, 표명

이것이 문제 해결 전략입니다. 저는 곧 새 의회에 특별 회기를 통해 대책 이행에 필요한 세부 정책 마련을 촉구하고, 여러 주 정부의 즉각적인 지원을 요청할 것입니다.

이런 행동 계획을 통해 우리는 스스로 국내 상황에서 질서를 찾고 소득과 지출의 균형을 찾을 것입니다. 국제 무역 관계도 대단히 중요하지만, 시점과 필요성을 따지면 국내 경제를 건전하게 확립하는 것이 우선입니다.

저는 가장 중요한 일을 먼저 하자는 실용적인 정책을 지지합니다. 국제 경제를 재조정하여 세계 무역을 회복하는 데 아낌없는 노력을 기울이겠지만, 국내의 시급한 문제를 제쳐둘 수는 없습니다.

이러한 국가 경제 회복 세부 조치의 근간이 되는 기본 사고는 편협한 국수주의가 아닙니다. 미국 전역의 다양한 요소들이 상호 의존적임을 최우선으로 생각하는 것이자, 예로부터 전해 내려오는, 우리가 영구히 지켜야 할 미국 개척 정신의 발현을 인식하는 것입니다.

It is the way to recovery. It is the immediate way. It is the strongest assurance˙ that the recovery will endure.

In the field of world policy I would dedicate this Nation to the policy of the good neighbor˙—the neighbor who resolutely˙ respects himself and, because he does so, respects the rights of others—the neighbor who respects his obligations and respects the sanctity˙ of his agreements in and with a world of neighbors.

If I read the temper of our people correctly, we now realize as we have never realized before our interdependence on each other; that we can not merely take but we must give as well; that if we are to go forward, we must move as a trained and loyal army willing to sacrifice˙ for the good of a common discipline, because without such discipline no progress is made, no leadership becomes effective.

We are, I know, ready and willing to submit our lives and property to such discipline, because it makes possible a leadership which aims at a larger good. This I propose to offer, pledging˙ that the larger purposes will bind upon˙ us all as a sacred obligation with a unity of duty hitherto˙ evoked only in time of armed strife˙.

---

assurance 보증, 보장 good-neighbor policy 선린 외교 정책 resolutely 단호히, 결연히
sanctity 신성함, 존엄성 pledge 맹세[서약]하다 sacrifice 희생하다 bind upon 단단히 묶다,
구속하다, 의무 지우다 hitherto 지금까지, 그때까지 strife 투쟁, 충돌

그것이 회복으로 가는 길입니다. 회복을 위한 즉각적인 방법입니다.
회복이 지속될 것이라는 가장 강력한 약속입니다.

세계 정책 분야에서는 우리나라가 선린 외교 정책을 펼치도록 할
것입니다. 자국 권리 존중에 결연한 태도를 취하는 만큼 타국의 권리를
존중할 줄 알고, 자국에 주어진 의무를 다함과 동시에 세계 이웃
나라들과 맺은 협정의 신성함을 존중하는 이웃이 될 것입니다.

제가 국민의 마음을 제대로 읽었다면, 지금 우리는 그 어느 때보다도
서로에 대한 상호 의존성을 깊이 깨닫고 있습니다. 즉, 우리가 받기만
할 수 없고 베풀기도 해야 함을, 우리가 앞으로 나아가려면 공동 규율이
낳는 선에 기꺼이 희생하려는 훈련된 충성스러운 군대처럼 행동해야
함을 깨닫고 있습니다. 이러한 규율 없이는 어떠한 진척도 이루어 낼 수
없으며 어떤 지도력도 소용없기 때문입니다.

우리가 이와 같은 규율에 생명과 재산을 기꺼이 맡길 준비가 되어
있음을 저는 알고 있습니다. 그래야만 더 큰 선을 목표하는 리더십이
발휘되기 때문입니다. 이것이 제가 여러분께 제안하는 바입니다.
지금까지 무력 충돌 시에만 가능했던 단결을 이루고 더 큰 목적들이
우리 모두를 신성한 의무로 결속시킬 것을 서약합니다.

With this pledge taken, I assume unhesitatingly* the
leadership of this great army of our people dedicated to
a disciplined attack upon our common problems.

Action in this image and to this end is feasible* under the form
of government which we have inherited from our ancestors.
Our Constitution is so simple and practical that it is possible
always to meet extraordinary needs by changes in emphasis
and arrangement without loss of essential form.

That is why our constitutional system has proved itself
the most superbly* enduring political mechanism the modern
world has produced. It has met every stress of vast expansion
of territory, of foreign wars, of bitter internal strife*, of world
relations.

It is to be hoped that the normal balance of executive and
legislative authority* may be wholly adequate to meet
the unprecedented task before us. But it may be that an
unprecedented* demand and need for undelayed* action
may call for temporary departure from that normal balance of
public procedure.

unhesitatingly 망설임 없이, 서슴없이 feasible 실현 가능한 superbly 최고로, 아주 훌륭하게
internal strife 내분, 국내 분쟁 legislative authority 입법 권한 unprecedented 전례 없는
undelayed 지체 없는, 즉각적인

저는 이 서약과 함께, 우리 공통 문제에 질서 있게 맞서 싸우려는
위대한 국민의 통솔권을 일말의 망설임 없이 맡겠습니다.

이런 구상과 목적을 이루기 위한 조치는 우리 조상으로부터 물려받은
정부 형태로도 충분히 실현 가능합니다. 우리 헌법은 매우 간결하고
실용적이어서 본질적인 형태를 잃지 않고도 주안점과 구성을 바꿔서
예외적인 요구에 대처할 수 있습니다.

바로 이 점이 현대 세계가 만들어 낸 정치적 기제 중 우리 헌법 체계가
가장 오랫동안 그 훌륭함을 스스로 입증해 온 이유입니다. 우리 헌법
체계는 광대한 영토 확장과 타국과의 전쟁, 쓰라린 내분, 세계 여러
국가와의 관계에서 일어난 모든 풍파를 겪어 왔습니다.

행정 권한과 입법 권한 간의 정상적인 권력 균형이 우리 앞에 놓인 전례
없는 과제를 달성하기에 충분히 적합하기를 바랍니다. 하지만 전례
없는 요구와 즉각적 조치의 필요에 따라 공적 절차상의 정상적인 권력
균형을 한시적으로나마 깨야 할 수도 있습니다.

I am prepared under my constitutional duty | to recommend the measures | that a stricken˙ nation in the midst of a stricken world may require. These measures, or such other measures | as the Congress may build out of its experience and wisdom, | I shall seek, within my constitutional authority, | to bring to speedy adoption˙.

But | in the event that˙ the Congress shall fail to take one of these two courses, | and in the event that the national emergency is still critical, | I shall not evade the clear course of duty | that will then confront me.

I shall ask the Congress for the one remaining instrument to meet the crisis—broad Executive power to wage a war against the emergency, | as great as the power that would be given to me | if we were in fact invaded by a foreign foe˙.

For the trust reposed˙ in me | I will return the courage and the devotion | that befit˙ the time. I can do no less.

---

stricken 타격을 입은, 상처받은 adoption 채택 in the event that 만일 ~하는 경우에 foe 적
repose (신뢰 등을) 맡기다, 두다 befit 걸맞다

저는 헌법이 부여한 의무에 따라, 위기에 허덕이는 세계 속에서 고통받는 국가가 필요로 할 조치를 권고할 준비가 되어 있습니다. 헌법이 부여한 권한 내에서, 이런 조치들, 의회가 경험과 지혜를 바탕으로 고안해 낼 조치들이 조속히 채택되도록 노력할 것입니다.

하지만 의회가 두 가지 조치 중 하나도 취하지 않고 국가 비상사태가 여전히 위급한 상황이라면, 저는 제가 마주하게 될 분명한 직무 방침을 회피하지 않을 것입니다.

저는 위기에 대처할 수 있는 마지막 방편, 즉 비상사태에 맞서 싸울 수 있는 광범위한 행정 권한을 의회에 요청할 것입니다. 우리나라가 실제로 외세의 침략을 받았을 때 제게 부여되는 막강한 권한 말입니다.

이 시기에 걸맞은 용기와 헌신으로 국민 여러분께서 제게 주시는 신뢰에 보답하겠습니다. 기대에 부응하겠습니다.

We face the arduous* days that lie before us | in the warm courage of the national unity; with the clear consciousness of seeking old and precious moral values; with the clean satisfaction that comes from the stern performance of duty by old and young alike. We aim at the assurance of a rounded* and permanent national life.

We do not distrust the future of essential democracy. The people of the United States have not failed. In their need they have registered a mandate*| that they want direct, vigorous action. They have asked for discipline and direction under leadership. They have made me the present instrument of their wishes. In the spirit of the gift | I take it.

In this dedication of a Nation | we humbly ask the blessing of God. May He protect each and every one of us. May He guide me in the days to come.

| arduous 몹시 힘든, 고된 rounded 균형 잡힌, 통합하는 mandate 명령, (위임된) 권한

온 국민이 하나로 뭉칠 때 생겨나는 따뜻한 용기로, 예로부터 전해오는 소중한 도덕적 가치를 추구한다는 분명한 의식을 갖고, 노인과 청년 모두가 주어진 의무를 준엄하게 이행할 때 샘솟는 순수한 만족감으로, 우리는 앞에 놓인 시련의 날들을 맞이합니다. 우리의 목표는 균형 잡히고 영구적인 국민 생활을 보장하는 것입니다.

이 나라 근간인 민주주의의 미래를 불신하지 맙시다. 미국 국민은 실패하지 않았습니다. 우리 국민은 필요에 따라 직접적이며 적극적인 행동을 명령해 왔습니다. 지도자의 규율과 지휘를 요구해 왔습니다. 오늘 여러분은 저를 국민의 소망을 실현하는 도구로 삼았습니다. 거기 담긴 뜻 그대로 저는 대통령직을 맡겠습니다.

나라를 봉헌하는 이 순간에 우리는 겸허히 신의 축복을 구합니다. 우리 한 사람 한 사람을, 국민 모두를 지켜 주시기를 기도합니다. 다가올 날들 속에 저를 인도해 주시기를 기도합니다.

음원으로 듣기

"잘못하다가는 나라가 파산할지도 모를 위기에 우리는 당면해 있습니다. (…) 올 한 해 동안 물가는 오르고, 실업은 늘어날 것입니다. 소득은 떨어지고, 기업의 도산은 속출할 것입니다. 우리 모두는 지금 땀과 눈물을 요구받고 있습니다. 도대체 우리가 어찌해서 이렇게 되었는지 냉정하게 돌이켜 봐야 합니다. 정치, 경제, 금융을 이끌어 온 지도자들이 정경유착과 관치금융에 물들지 않았던들, 그리고 대기업들이 경쟁력 없는 기업들을 문어발처럼 거느리지 않았던들, 이러한 불행한 일은 일어나지 않았을 것입니다."

1998년 김대중 대통령의 취임 연설의 일부입니다. 당시 우리나라는 아시아 외환 위기로 기업들이 줄줄이 도산했고 실업률은 7%까지 급증했습니다. 김대중 대통령의 당시 심경은 대공황 시기의 루스벨트 대통령과 비슷하지 않았을까요? 두 대통령의 연설문은 서로 닮았습니다. 두 대통령 모두 위기 상황을 인정하고, 국가가 나아가야 할 방향을 진솔한 어조로 제시합니다. 국민에게 각 분야에 걸친 개혁의 필요성을 설명하며 함께 힘을 모아 이 위기를 극복하자고 호소합니다.

우리나라에도 이렇게 멋진 연설문이 있습니다. 우리나라 대통령들의 연설문을 읽어 보고 싶다면 행정안전부 대통령 기록관을 방문해 보세요.

• 제15 대통령 취임사 전문: 행정안전부 대통령 기록관(www.pa.go.kr)

2

바버라 조던의
닉슨 대통령 탄핵 청문회 연설

Speech at the Richard Nixon
Impeachment Hearings
by Barbara Jordan

워터게이트 청문회 당시 초선 의원으로서 하원 사법위원회에 소속되어 있던 바버라 조던

My faith in the Constitution is whole;
it is complete; it is total.
"저는 헌법을 전적으로 신뢰합니다.
그 믿음은 완전하고, 절대적입니다."

상대의 주장을 하나씩 무력화시키는 논리적인 연설

1972년 6월 17일, 워싱턴 D.C.의 워터게이트 빌딩에서 수상한 남자 5명이 체포됩니다. 혐의는 불법 침입과 도청 장치 설치 시도였죠. 그런데 이 건물은 민주당 전국위원회가 있는 곳이었습니다. 수상한 냄새를 맡은 워싱턴 포스트의 두 기자가 이 사건을 끈질기게 추적한 결과, 이 사건에 당시 대통령이던 리처드 닉슨이 연루되어 있다는 의혹을 제기하죠. 닉슨 대통령에 대한 국민들의 의심은 커져 갑니다.

1973년 2월, 미국 상원은 워터게이트 사건 특별위원회를 구성합니다. 5개월 뒤, 닉슨 대통령의 전직 보좌관이 백악관의 모든 대화가 녹음되고 있다는 사실을 폭로하자 전 국민의 관심이 이 녹음테이프에 쏠립니다. 하지만 닉슨은 사생활 침해라는 이유로 증거 제출을 거부하고, 이 사건을 파헤치는 특별 검사 아치볼드 콕스Archibald Cox를 해임하려고 합니다.

이제 하원이 나섭니다. 사법위원회를 조직하고 사법 방해, 권력 남용, 의회 모독 등의 혐의로 대통령에 대한 탄핵 심리에 착수합니다. 수개월간 증언 청취와 자료 검토를 거쳐 탄핵소추안을 준비하죠. 그리고 1974년 7월 25일, 탄핵 청문회가 생방송으로 중계됩니다. 여기서 사법위원회 위원이었던 하원의원 바버라 조던이 마이크를 잡습니다.

Mr. Chairman, I join my colleague Mr. Rangel | in thanking
you for giving the junior members of this committee |
the glorious opportunity of sharing the pain of this inquiry*.
Mr. Chairman, you are a strong man, | and it has not been
easy | but we have tried as best we can | to give you as much
assistance as possible.

Earlier today, | we heard the beginning of the Preamble* to the
Constitution of the United States: "We, the people." It's a very
eloquent* beginning. But when that document was completed
on the seventeenth of September in 1787, | I was not included
in that "We, the people."

I felt somehow for many years | that George Washington
and Alexander Hamilton just left me out by mistake. But
through the process of amendment*, interpretation, and court
decision, | I have finally been included in "We, the people."

---

inquiry 심리, 취조, 질문 preamble (법령 등의) 전문(前文), (책의) 서문 eloquent 웅변적인,
감동적인 amendment 개정, 수정

의장님, 사법위원회의 신참 의원들에게도 심리의 고통을 함께 짊어질 수 있는 영광스러운 기회를 주신 데 대해 제 동료 랭걸 의원과 함께 감사의 말씀을 드립니다. 의장님은 강한 분이십니다. 쉬운 일은 아니었지만, 저희는 의장님께 가능한 한 많은 도움을 드리고자 최선을 다했습니다.

오늘 아침, 우리는 미국 헌법 전문의 서두를 들었습니다. '우리, 국민.' 아주 감동적인 서두입니다. 하지만 1787년 9월 17일, 미국 헌법이 완성됐을 때, 저는 그 '우리, 국민'에 포함되지 않았습니다.

오랫동안 저는 조지 워싱턴과 알렉산더 해밀턴이 실수로 저를 빼먹었을 거라 생각했습니다. 그러나 헌법이 개정되고 새로운 해석과 법원 판결이 이루어지면서 마침내 저도 '우리, 국민'에 합류할 수 있게 되었습니다.

Today I am an inquisitor*. A hyperbole* would not be fictional | and would not overstate* the solemnness* that I feel right now.

My faith in the Constitution is whole; it is complete; it is total. And I am not going to sit here and be an idle spectator* | to the diminution*, | the subversion*, | the destruction, | of the Constitution.

"Who can so properly be the inquisitors for the nation | as the representatives of the nation themselves?" "The subjects of its jurisdiction* are those offenses | which proceed from the misconduct* of public men." And that's what we're talking about. In other words, the jurisdiction comes | from the abuse or violation of some public trust.

It is wrong, I suggest, | it is a misreading of the Constitution for any member here | to assert that for a member to vote for an article of impeachment* | means that that member must be convinced | that the President should be removed from office. The Constitution doesn't say that.

---

inquisitor 심문[조사]하는 사람 hyperbole 과장법 overstate 과장하다 solemnness 엄숙함
idle spectator 수수방관자 diminution 축소, 감소 subversion 전복, 파괴 jurisdiction
사법권, 관할권 misconduct 위법 행위, 직권 남용 impeachment 탄핵

오늘 저는 심문관 신분으로 이 자리에 왔습니다. 지금 제가 느끼는
이 엄숙함은 아무리 과장된 표현으로 전하더라도 결코 꾸며낸 것이
아니며 지나치다고 할 수 없을 것입니다

저는 헌법을 전적으로 신뢰합니다. 그 믿음은 완전하고, 절대적입니다.
이에 저는 헌법을, 축소하거나, 뒤엎거나, 파괴하려는 시도를 가만히
보고만 있지 않을 것입니다.

"국민을 대표하는 사람들만큼 국민을 위한 심문관 역할을 제대로 할
수 있는 사람이 누가 있을까?" "그 사법권의 대상은 공직자의 위법
행위에서 비롯된 범죄다." 그것이 우리가 지금 다루고 있는 주제입니다.
다시 말해서, 공직자가 국민의 신뢰를 저버리고 권력을 남용하거나
위반하면 사법권이 발동합니다.

여기 계신 누구라도, 탄핵소추안에 찬성표를 던지려면 대통령이
파면되어야 한다는 확신이 있어야 한다고 주장하신다면 그건 헌법을
잘못 이해하신 거라고 생각합니다. 이 나라의 헌법에는 그렇게 쓰여
있지 않습니다.

The powers relating to impeachment ¦ are an essential check in the hands of the body of the Legislature* ¦ against and upon the encroachments* of the Executive. The division between the two branches of the Legislature, the House and the Senate, ¦ assigning to the one the right to accuse* ¦ and to the other the right to judge, ¦ the Framers* of this Constitution were very astute*. They did not make the accusers and the judgers—and the judges the same person.

We know the nature of impeachment. We've been talking about it awhile now. It is chiefly designed for the President and his high ministers ¦ to somehow be called into account. It is designed to "bridle*" the Executive ¦ if he engages in excesses*. "It is designed as a method of national inquest* into the conduct of public men."

The Framers confided* in the Congress the power ¦ if need be, to remove the President ¦ in order to strike a delicate balance ¦ between a President swollen with power and grown tyrannical*, ¦ and preservation of the independence of the Executive.

---

legislature 입법부, 입법 기관 encroachment 침해 accuse 고발[고소, 기소]하다, 비난하다
framer 입안자, 헌법 제정자 astute 예리한, 빈틈없는 bridle 굴레를 씌우다, 제어하다 excess
도를 넘는 행위, 월권 inquest 조사, 사인 규명 confide 신임[신뢰]하다 tyrannical 폭군적인,
전제적인

탄핵과 관련된 권한은 행정부의 권력 남용을 견제하기 위해 입법부가 가진 본질적인 수단입니다. 입법부를 하원과 상원으로 나누고 한쪽에는 대통령의 권력 남용을 고발할 권한을, 다른 한쪽에는 재판할 권한을 부여한 이 헌법 입안자들은 참으로 철두철미했습니다. 기소하는 이와 재판하는 이를 같은 편에 두지 않았습니다.

우리는 탄핵의 본질을 알고 있습니다. 우리는 한동안 그것에 관해 논의했습니다. 탄핵은 주로 대통령과 고위 공직자들이 어떻게든 책임을 지도록 하기 위해 고안되었습니다. 행정부가 지나친 권력을 행사할 경우 그 권력에 '굴레를 씌워 제어하기' 위해 고안되었습니다. "탄핵은 공직자들의 행위를 국가 차원에서 조사할 수 있도록 고안한 방법 중 하나다."

헌법 입안자들은 대통령이 자신의 권력을 키워 횡포를 부리지 못하게 하고 동시에 행정부의 독립성을 지키기 위해 필요하다면 대통령을 파면시킬 수 있는 권한을 의회에 부여했습니다.

The nature of impeachment: a narrowly channeled exception
to the separation-of-powers maxim˙. The Federal Convention
of 1787 said that. It limited impeachment to high crimes
and misdemeanors˙ and discounted˙ and opposed the term
"maladministration˙."

"It is to be used only for great misdemeanors," so it was said
in the North Carolina ratification˙ convention. And in the
Virginia ratification convention: "We do not trust our liberty
to a particular branch. We need one branch to check the
other."

"No one need be afraid"—the North Carolina ratification
convention. "No one need be afraid that officers who
commit oppression will pass with immunity˙." "Prosecutions˙
of impeachments will seldom fail to agitate˙ the passions of
the whole community," said Hamilton in the Federalist Papers,
number 65. "We divide into parties more or less friendly or
inimical˙ to the accused." I do not mean political parties in
that sense.

---

maxim 금언, 헌법 원칙 misdemeanor 경범죄 discount 무시하다, 배제하다 maladministration
실정(정치를 잘못함) ratification 비준, 승인, 재가, 추인 immunity 면제, 면역(력) prosecution
기소, 소추, 고발 agitate (마음을) 뒤흔들다, 격양시키다 inimical 적대적인, 해로운, 불리한

1787년 연방헌법 제정 회의는 탄핵의 본질이 권력 분립의 원칙에 대한 협소한 예외라고 천명했습니다. 탄핵 사유를 중대 범죄와 경범죄로만 제한했고 '실정'이라는 용어는 그 범위에서 배제했습니다.

노스캐롤라이나 헌법 비준 회의에서는 "탄핵은 중대한 경범죄에 한해서 이루어져야 한다."고 말했습니다. 그리고 버지니아 헌법 비준 회의에서는 "우리는 우리의 자유를 특정 기관에 위임하지 않는다. 한쪽이 다른 한쪽을 견제하게 해야 한다."라고 말했습니다.

"누구도 두려워할 필요는 없다." 노스캐롤라이나 헌법 비준 회의에서 말했습니다. "국민을 억압한 공직자들이 면책될까 누구도 두려워할 필요는 없다." 알렉산더 해밀턴은 『연방주의자 논집』 65번 글에서 이렇게 말했습니다. "탄핵 소추는 분명 국민 전체의 감정을 뒤흔들 것이다. 우리는 피고인에게 우호적인 집단과 적대적인 집단으로 나뉘게 된다." 여기서 집단이란 정당을 뜻하는 것이 아닙니다.

The drawing of political lines goes to the motivation behind impeachment; but impeachment must proceed within the confines of the constitutional term "high crimes and misdemeanors."

Of the impeachment process, it was Woodrow Wilson who said that "Nothing short of the grossest offenses against the plain law of the land will suffice to give them speed and effectiveness. Indignation so great as to overgrow party interest may secure a conviction; but nothing else can."

Common sense would be revolted if we engaged upon this process for petty reasons. Congress has a lot to do: Appropriations, Tax Reform, Health Insurance, Campaign Finance Reform, Housing, Environmental Protection, Energy Sufficiency, Mass Transportation. Pettiness cannot be allowed to stand in the face of such overwhelming problems. So today we are not being petty. We are trying to be big, because the task we have before us is a big one.

This morning, in a discussion of the evidence, we were told that the evidence which purports to support the allegations of misuse of the CIA by the President is thin.

---

confine 범위, 한계 gross (잘못이) 큰, 심한 suffice 충분하다 indignation 분개, 분함
conviction 유죄 판결 revolt 반발하다, 들고 일어나다 petty 사소한, 하찮은 appropriation
(돈의) 책정, 세출의 승인 sufficiency 충분, 충분한 양 purport ~라고 주장하다, ~를 의미하다
allegation (부정한 일을 했다는) 혐의[주장]

정치 노선을 따지는 것이 탄핵 이면의 동기가 될 수는 있습니다. 하지만 탄핵은 헌법이 명시한 '중대 범죄와 경범죄'라는 범위 안에서만 진행되어야 합니다.

우드로 윌슨은 탄핵 절차에 관해 이렇게 말했습니다. "이 땅의 명확한 법률에 반하는 가장 중대한 위법 행위에 한해, 탄핵 절차는 신속하고 효율적으로 이루어질 수 있다. 정당의 이해관계를 넘어설 정도로 거대한 분노만이 유죄 판결을 이끌어 낼 수 있다. 그 외에는 불가능하다."

사소한 이유로 탄핵 절차를 밟는다면 상식이 우리를 막아설 것입니다. 의회는 해야 할 일이 많습니다. 예산 책정, 세제 개혁, 건강 보험, 선거 자금 개혁, 주택, 환경 보호, 에너지 조달, 대중교통 문제. 이렇게 중요한 사안들을 두고 의회가 사소한 문제에 얽매여 있을 수 없습니다. 그렇기에 오늘 이 사안은 절대 사소하지 않습니다. 우리 앞에 놓인 과제가 매우 중차대하기에, 우리는 그 무게에 걸맞게 행동하고자 합니다.

오늘 오전, 증거 관련 논의를 하던 중 대통령이 CIA 조직을 남용했다는 혐의를 뒷받침하는 증거가 빈약하다는 말을 들었습니다.

We're told that that evidence is insufficient. What that recital* of the evidence this morning did not include | is what the President did know | on June the 23rd, 1972.

The President did know | that it was Republican money, | that it was money from the Committee for the Re-Election of the President, | which was found in the possession of one of the burglars | arrested on June the 17th. What the President did know | on the 23rd of June | was the prior activities of E. Howard Hunt, | which included his participation in the break-in of Daniel Ellsberg's psychiatrist, | which included Howard Hunt's participation in the Dita Beard ITT affair, | which included Howard Hunt's fabrication* of cables* | designed to discredit the Kennedy Administration.

We were further cautioned* today | that perhaps these proceedings* ought to be delayed | because certainly there would be new evidence forthcoming from the President of the United States. There has not even been an obfuscated* indication* | that this committee would receive any additional materials from the President. The committee subpoena* is outstanding*, | and if the President wants to supply that material, | the committee sits here.

recital 자세한 설명, 상세 보고 fabrication 날조, 조작 cable 전보 caution 주의[경고]를 주다
proceedings 법적[소송] 절차 obfuscate 애매하게[혼란스럽게] 만들다 indication 말, 암시, 조짐 subpoena 소환장, 호출장 outstanding 아직 처리[해결]되지 않은

증거가 불충분하다는 말을 들었습니다. 오늘 아침 증거에 관한 진술에서 빠진 내용은 1972년 6월 23일에 대통령이 무엇을 알고 있었는가 하는 점입니다.

대통령은 6월 17일에 체포된 무단 침입자 중 한 명이 소지하고 있던 돈이 공화당 자금이었다는 것을, 대통령 재선위원회 자금이었다는 것을 알고 있었습니다. 6월 23일, 대통령은 E. 하워드 헌트가 이전에 한 일들에 대해 알고 있었습니다. 하워드 헌트가 대니얼 엘스버그의 정신과 의사 사무실 침입 사건에, 디타 비어드 ITT 사건에, 케네디 행정부의 신뢰를 떨어뜨리기 위한 전보 조작 사건에 가담했음을 알고 있었습니다.

오늘 우리는 미국 대통령이 새로운 증거를 제시할 수 있으니 탄핵 절차를 아마도 연기해야 할 것이라는 추가적인 경고를 들었습니다. 현재까지는 대통령이 위원회에 추가 자료를 제출할 거라는 그 어떤 조짐도 보이지 않았습니다. 위원회의 소환장은 아직 처리되지 않았고, 대통령이 추가 자료를 제시하려 한다면 위원회는 여기에 앉아 기다릴 것입니다.

The fact is that on yesterday, | the American people waited with great anxiety for eight hours, | not knowing whether their President would obey an order of the Supreme Court of the United States.

At this point, I would like to juxtapose° a few of the impeachment criteria | with some of the actions | the President has engaged in. Impeachment criteria: James Madison, from the Virginia ratification convention. "If the President be connected in any suspicious manner with any person | and there be grounds° to believe that he will shelter° him, | he may be impeached."

We have heard time and time again | that the evidence | reflects | the payment | to defendants°, | money. The President had knowledge | that these funds were being paid | and these were funds collected for the 1972 presidential campaign. We know that the President met with Mr. Henry Petersen 27 times | to discuss matters related to Watergate, | and immediately thereafter met with the very persons | who were implicated° in the information Mr. Petersen was receiving. The words are: "If the President is connected in any suspicious manner with any person | and there be grounds to believe that he will shelter that person, | he may be impeached."

---

juxtapose (비교를 위해) 나란히 놓다 grounds 근거, 이유 shelter 비호[보호]하다, 숨기다, 숨다
defendant 피고 be implicated (범죄 등에) 연루[관련]되다

사실상 어제 미국 국민들은 대통령이 미 대법원의 명령에 따를지 알지 못한 채 극심한 불안 속에서 8시간이나 기다렸습니다.

이 시점에서 저는 탄핵 기준 요건 몇 가지와 대통령이 관여한 몇몇 행위를 나란히 비교해 보고자 합니다. 버지니아 헌법 비준 회의에서 제임스 매디슨이 명시한 탄핵 요건은 이러합니다. "대통령이 의심스러운 방법으로 어떠한 인물과 관계를 맺고, 해당 인물을 비호하려 한다는 믿을 만한 근거가 있다면 대통령은 탄핵될 수 있다."

우리는 확보된 증거가, 피고인들에게, 돈이, 지급되었음을 나타낸다고, 몇 번이고 들었습니다. 대통령은 피고인들에게 돈이 지급되고 있으며, 이 자금이 1972년 대선 운동을 위해 모금된 것임을 알고 있었습니다. 우리는 대통령이 헨리 피터슨을 27차례 만나 워터게이트 관련 사안들을 논의했고, 그 직후 피터슨이 입수한 정보에 연루된 바로 그 인물들과도 접촉했다는 것을 알고 있습니다. 탄핵 사유, "대통령이 의심스러운 방법으로 어떠한 인물과 관계를 맺고, 해당 인물을 비호하려 한다고 믿을 만한 근거가 있다면 대통령은 탄핵될 수 있다."

Justice* Story: "Impeachment" is attended—"is intended for occasional and extraordinary cases* where a superior power acting for the whole people is put into operation to protect their rights and rescue their liberties from violations."

We know about the Huston plan. We know about the break-in of the psychiatrist's office. We know that there was absolute complete direction on September 3rd when the President indicated that a surreptitious* entry had been made in Dr. Fielding's office, after having met with Mr. Ehrlichman and Mr. Young. "Protect their rights." "Rescue their liberties from violation."

The Carolina ratification convention impeachment criteria: those are impeachable* "who behave amiss* or betray their public trust." Beginning shortly after the Watergate break-in and continuing to the present time, the President has engaged in a series of public statements and actions designed to thwart* the lawful investigation* by government prosecutors. Moreover, the President has made public announcements and assertions* bearing on the Watergate case, which the evidence will show he knew to be false.

Justice 대법관, 재판관 occasional and extraordinary cases 이례적이고 특별한 경우
surreptitious 은밀한, 불법적인 impeachable 탄핵 대상이 되는, 탄핵할 만한 amiss 부적절한,
잘못된 thwart 방해하다, 좌절시키다 investigation 수사, 조사 assertion 주장

조지프 스토리 대법관은 이렇게 말했습니다. "탄핵은 전체 국민을 대신해 작동하는 상위 기관이 국민의 권리를 보호하고 국민의 자유가 침해당하지 않도록 구제하기 위해 개입하는, 이례적이고 특수한 경우를 위한 것이다."

우리는 휴스턴 계획에 대해 알고 있습니다. 정신과 의사 사무실 불법 침입 사건에 대해서도 알고 있습니다. 9월 3일, 대통령은 존 얼릭먼과 데이비드 영을 만난 후 누군가가 필딩 박사의 사무실에 불법적으로 침입했음을 시사했으며, 우리는 대통령이 명백하게 이 침입을 지시했다는 것을 알고 있습니다. "국민의 권리를 보호하고 국민의 자유가 침해당하지 않도록 구제한다."

캐롤라이나 헌법 비준 회의의 탄핵 요건에 따르면 '잘못된 행동을 하거나 국민의 신뢰를 저버리는 자들'은 탄핵될 수 있습니다. 워터게이트 침입 사건 직후부터 현재 시점까지 대통령은 정부 검사들의 합법적인 수사를 방해하기 위해 일련의 공개 성명과 공적 행동을 취해 왔습니다. 게다가 대통령은 워터게이트 사건과 관련하여 공개적으로 입장을 밝히고 주장을 드러냈는데, 대통령 본인도 자신의 주장이 거짓임을 알고 있었다는 사실을 증거가 보여 줄 것입니다.

These assertions, | false assertions, | impeachable, | those who misbehave. Those who "behave amiss | or betray the public trust."

James Madison again at the Constitutional Convention: "A President is impeachable | if he attempts to subvert˙ the Constitution."

The Constitution charges the President | with the task of taking care that the laws be faithfully executed, | and yet the President has counseled his aides to commit perjury˙, | willfully˙ disregard˙ the secrecy˙ of grand jury˙ proceedings, | conceal surreptitious˙ entry, attempt to compromise˙ a federal judge, | while publicly displaying his cooperation with the processes of criminal justice˙. "A President is impeachable | if he attempts to subvert the Constitution."

If the impeachment provision˙ in the Constitution of the United States | will not reach the offenses charged here, | then perhaps that 18th-century Constitution | should be abandoned to a 20th-century paper shredder˙!

---

subvert 전복시키다, 훼손하다 perjury 위증죄 willfully 고의로, 계획적으로
disregard 무시[묵살]하다 secrecy 비밀(인 상태), 비밀 엄수 grand jury 대배심, 기소배심
surreptitious 은밀한 compromise 타협하다, (원칙을) 굽히다 criminal justice 형사 사법
impeachment provision 탄핵 조항 paper shredder 문서 파쇄기

이러한 주장들, 거짓된 주장들은 탄핵 사유가 되며, 이는 잘못된 행동을 하는 자들, 즉 '잘못된 행동을 하거나 국민의 신뢰를 저버리는 자들'에 해당됩니다.

다시 한번, 제임스 매디슨은 헌법 제정 회의에서 말했습니다.
"대통령이 헌법을 전복하려는 시도를 한다면 그는 탄핵될 수 있다."

헌법에 의거하여 대통령은 법이 충실하게 집행되도록 할 책임이 있습니다. 그러나 대통령은 보좌관들에게 위증을 교사했고, 대배심 절차의 비밀 엄수를 고의로 무시할 것을 요구했으며, 불법 침입 사실을 은폐하고 연방 판사를 회유해 보라고 지시했습니다. 그러면서 공개적으로는 형사 사법 절차에 협조하는 듯한 모습을 보였습니다.
"대통령이 헌법을 전복하려는 시도를 한다면 그는 탄핵될 수 있다."

미국 헌법의 탄핵 조항이 여기, 기소된 위법 행위에 적용되지 않는다면, 저 18세기 헌법은 20세기 문서 파쇄기에 버려져야 할지도 모릅니다!

Has the President committed offenses, | and planned, | and directed, | and acquiesced | in˙ a course of conduct | which the Constitution will not tolerate? That's the question.

We know that. We know the question. We should now forthwith | proceed to answer the question. It is reason, and not passion, | which must guide our deliberations˙, | guide our debate, | and guide our decision.

대통령은 범죄를 저질렀고, 헌법이 용납하지 않을 행위를 계획했고, 지시했고, 묵인했습니까? 이것이 바로 핵심 질문입니다.

우리는 알고 있습니다. 그 질문을 알고 있습니다. 이제 우리는 즉시 그 질문에 답해야 합니다. 감정이 아닌 마땅히 이성에 따라 탄핵을 심의하고, 토론하고, 결론을 내려야 합니다.

음원으로 듣기

저는 이 연설을 가장 좋아합니다. 대통령 탄핵이라는 것이 생소하던 시절, 이 연설문을 읽고 놀랐지요. 특히 바버라 조던이 헌법의 역사와 그 내용을 조목조목 밝히고 마지막에 "저 18세기 헌법은 20세기 문서 파쇄기에 버려져야 할지도 모릅니다!"라고 말할 때는 온몸에 전율이 흘렀습니다.

바버라 조던은 경력만 봐도 그녀가 얼마나 고생스러운 인생을 살았을지 어렵지 않게 짐작할 수 있습니다. 미국에서 인종 차별이 극심하던 1950년대에 보스턴 대학교 법학과를 졸업했고, 텍사스주 휴스턴에서 흑인 여성 최초로 변호사 개업을 했습니다. 휴스턴이 어떤 곳인지 아시나요? 미국 남부의 대도시로, 인종 분리를 합법화하는 짐 크로 법이 존재했던 곳입니다. 그런 곳에서 흑인 여성 변호사로 활동했다는 것은 수많은 좌절과 역경을 겪었다는 것을 의미합니다. 불합리한 상황을 수없이 마주하면서 그녀가 붙잡고 기댈 수 있었던 것은 모든 법의 뿌리인 헌법이었을 것입니다.

도입부에 그녀의 말, "저는 헌법을 전적으로 신뢰합니다. 그 믿음은 완전하고 절대적입니다."라는 말은 자신의 삶에서 우러나온 진심이 아니었을까 생각해 봅니다.

3

로널드 레이건의
챌린저호 폭발 사고 대국민 연설

Address to the Nation on the Explosion
of the Space Shuttle Challenger
by Ronald Reagan

STS-51-L 우주 왕복선 임무에 탑승했던 승무원들의 모습(1985년 11월)

We will never forget them, nor the last time we saw them, this morning, as they prepared for their journey and waved goodbye and "slipped the surly bonds of earth" to "touch the face of God."

오늘 아침, 여정을 준비하고 작별 인사를 하며 손을 흔들던 모습,
'조물주의 얼굴에 닿으려 지구의 무정한 속박을 떨쳐내던'
그 마지막 순간을 우리는 절대 잊지 않을 것입니다.

슬픔에 빠진 이들을 위로하고 새로운 용기를 불어넣는 연설

1986년 1월 28일 정오 무렵, TV 앞은 수많은 사람들로 북적입니다. 미국 역사상 최초로, 민간인 교사 크리스타 매콜리프 Christa McAuliffe와 여섯 명의 우주 비행사가 우주 왕복선 챌린저호Space Shuttle Challenger에 올랐기 때문입니다. 아이들과 선생님도 생중계되는 역사적인 우주선 발사 장면을 보기 위해 TV 앞에 모였습니다. 모두가 숨죽인 가운데 카운트다운이 시작됩니다. 5, 4, 3, 2, 1. 우렁찬 소리와 함께 하늘로 솟구친 챌린저호.

　　하지만 정확히 73초 만에 챌린저호는 공중에서 폭발하고 맙니다. 탑승했던 우주 비행사 전원 사망. 미국은 큰 충격에 빠집니다. 로널드 레이건 대통령은 그날 오후 5시에 예정되어 있던 국정 연설을 취소하고, 대신 전 국민을 위한 추모 연설을 발표합니다. 충격적인 장면을 목격한 국민들에게 한 나라의 대통령은 무슨 말을 해야 할까요? 슬픔에 잠긴 유가족과 국민에게 어떻게 위로를 건네야 할까요? 그 모범 답안이 바로 이 연설에 있습니다.

Ladies and Gentlemen, I'd planned to speak to you tonight
to report on the state of the Union, but the events of earlier
today have led me to change those plans. Today is a day for
mourning˙ and remembering. Nancy and I are pained to the
core by the tragedy of the shuttle˙ Challenger. We know we
share this pain with all of the people of our country. This is
truly a national loss.

Nineteen years ago, almost to the day, we lost three astronauts
in a terrible accident on the ground. But we've never lost an
astronaut in flight. We've never had a tragedy like this. And
perhaps we've forgotten the courage it took for the crew of
the shuttle. But they, the Challenger Seven, were aware of the
dangers, but overcame them and did their jobs brilliantly.

We mourn seven heroes: Michael Smith, Dick Scobee, Judith
Resnik, Ronald McNair, Ellison Onizuka, Gregory Jarvis, and
Christa McAuliffe. We mourn their loss as a nation together.

| mourning 애도, 슬픔 (space) shuttle 우주 왕복선

국민 여러분. 오늘 밤 여러분께 연두 교서를 발표하려고 했지만, 아침에 일어난 사고로 계획을 수정하게 되었습니다. 오늘은 애도하고 추모해야 하는 날입니다. 우주 왕복선 챌린저호의 비극으로 아내 낸시와 저는 뼛속까지 스며드는 아픔을 느끼고 있습니다. 이 나라 국민 모두가 저희 부부와 같은 아픔을 느끼고 있다는 걸 압니다. 이 사고는 실로 국가적 손실입니다.

19년 전 이맘때, 지상에서 일어난 끔찍한 사고로 우리는 세 명의 우주 비행사를 잃은 적이 있습니다. 하지만 지금까지 우주 비행사를 비행 중에 잃은 적은 한 번도 없습니다. 오늘과 같은 비극은 단 한 번도 없었습니다. 그래서 우리는 우주 왕복선 승무원들이 가져야 했던 용기를 잊었던 것 같습니다. 하지만 챌린저호에 탑승한 승무원 일곱 명은 위험을 알면서도 두려움을 극복하고 자신들의 임무를 훌륭하게 수행했습니다.

우리는 일곱 명의 영웅을 애도합니다. 마이클 스미스, 딕 스코비, 주디스 레스닉, 로널드 맥네어, 엘리슨 오니즈카, 그레고리 자비스, 크리스타 매콜리프. 온 국민이 함께 그들의 죽음을 애도합니다.

For the families of the seven, | we cannot bear, as you do, the full impact˙ of this tragedy. But we feel the loss, | and we're thinking about you so very much.

Your loved ones were daring˙ and brave, | and they had that special grace, | that special spirit that says, "Give me a challenge, and I'll meet it with joy." They had a hunger to explore the universe and discover its truths. They wished to serve, and they did. They served all of us.

We've grown used to wonders in this century. It's hard to dazzle˙ us. But for twenty-five years, the United States space program has been doing just that. We've grown used to the idea of space, | and perhaps we forget that we've only just begun. We're still pioneers. They, the members of the Challenger crew, were pioneers.

And I want to say something to the schoolchildren of America | who were watching the live coverage of the shuttle's takeoff. I know it's hard to understand, | but sometimes painful things like this happen. It's all part of the process of exploration and discovery. It's all part of taking a chance and expanding man's horizons.

| impact 충격 daring 대담한, 용감한 dazzle 감탄시키다, 눈부시게 하다

유가족분들께서 이 비극적인 사고로 받으셨을 충격을 우리가 완전히 헤아릴 수는 없습니다. 그러나 우리 국민 모두 상실감을 느끼고 있으며 유가족분들을 진심으로 걱정하고 있습니다.

여러분이 사랑하는 그들은 담대하고 용감했으며, "저에게 도전을 주세요. 그러면 기쁘게 맞이하겠습니다."라고 말하는 특별한 품격과 특별한 정신을 지니고 있었습니다. 그들은 우주를 탐험하고 그 안에 숨은 진리를 발견하려는 열망으로 가득했습니다. 그들은 헌신하길 바랐고 그렇게 헌신했습니다. 우리 모두를 위해 헌신했습니다.

20세기에 사는 우리는 경이로운 것들에 너무 익숙해져서 웬만한 것에는 마음을 빼앗기지 않습니다. 하지만 지난 25년 동안 미합중국 우주 프로그램은 우리의 마음을 사로잡는 일들을 수행해 왔습니다. 우리는 우주라는 개념에 익숙해진 나머지 우리가 이제 막 우주를 향한 여정을 시작했다는 사실을 잊고 있었던 것입니다. 우리는 여전히 개척자입니다. 챌린저호의 승무원들은 개척자였습니다.

우주 왕복선 이륙 현장을 실시간 방송으로 시청했을 미국의 어린 학생들에게 말하고 싶습니다. 이해하기 어렵다는 걸 압니다. 하지만 때론 이렇게 가슴 아픈 일들도 일어납니다. 이 모두가 탐험과 발견의 과정입니다. 이 모두가 기회를 잡고 인류의 새 지평을 열 때 겪는 일입니다.

The future doesn't belong to the fainthearted*; it belongs to the brave. The Challenger crew was pulling us into the future, and we'll continue to follow them.

I've always had great faith in and respect for our space program, and what happened today does nothing to diminish* it. We don't hide our space program. We don't keep secrets and cover things up. We do it all up front and in public. That's the way freedom is, and we wouldn't change it for a minute.

We'll continue our quest* in space. There will be more shuttle flights and more shuttle crews and, yes, more volunteers, more civilians*, more teachers in space. Nothing ends here; our hopes and our journeys continue.

I want to add that I wish I could talk to every man and woman who works for NASA, or who worked on this mission and tell them: "Your dedication and professionalism* have moved and impressed us for decades. And we know of your anguish*. We share it."

---

fainthearted 소심한, 겁 많은 diminish 약화시키다, 깎아내리다 quest 탐구, 탐색
civilian 민간인 professionalism 전문성, 능숙함 anguish (극심한) 괴로움, 비통, 고뇌

미래는 겁쟁이의 것이 아닙니다. 용감한 자의 것입니다. 챌린저호 승무원들은 우리를 미래로 이끌어 주었고 우리는 그들을 계속 따라갈 것입니다.

저는 언제나 우리의 우주 프로그램에 대한 커다란 신뢰와 존경심을 품어 왔습니다. 오늘 일어난 일로 그 신뢰와 존경은 조금도 약해지지 않습니다. 우리의 우주 프로그램을 숨기지 않습니다. 비밀로 하거나 은폐하지도 않습니다. 모든 걸 공개적으로, 솔직하게 합니다. 자유란 바로 그런 것이며, 우리는 그런 방식을 단 한 순간도 바꾸지 않을 것입니다.

우리는 우주에서 우리의 탐험을 계속할 것입니다. 더 많은 우주 왕복선을 만들 것이며 더 많은 우주 비행사를 양성할 것입니다. 네, 더 많은 지원자, 더 많은 민간인, 더 많은 교사가 우주에 갈 것입니다. 여기서 끝나는 것은 아무것도 없습니다. 우리의 희망, 우리의 여정은 계속될 것입니다.

한마디 덧붙이자면, 나사에 근무하거나 이 임무에 참여했던 모든 분에게 이렇게 말씀드리고 싶습니다. "여러분의 헌신과 직업의식은 지난 수십 년 동안 우리를 감동시켰고 감명을 주었습니다. 우리는 여러분이 느끼고 있을 비통함을 알고, 그 슬픔을 함께 느낍니다."

There's a coincidence* today. On this day three hundred and ninety years ago, | the great explorer Sir Francis Drake died aboard ship off the coast of Panama. In his lifetime, the great frontiers were the oceans, | and a historian later said, "He lived by the sea, died on it, and was buried in it." Well, today, we can say of the Challenger crew: Their dedication was, like Drake's, complete.

The crew of the space shuttle Challenger | honored us by the manner in which they lived their lives. We will never forget them, | nor the last time we saw them, this morning, | as they prepared for their journey and waved goodbye | and "slipped the surly* bonds of earth" | to "touch the face of God." Thank you.

| coincidence 우연의 일치 surly 거친, 험악한

오늘 우연의 일치가 있습니다. 390년 전 바로 오늘, 위대한 탐험가 프랜시스 드레이크 경이 파나마 앞바다의 배 위에서 생을 마감했습니다. 이 탐험가 평생에 위대한 개척지는 바다였으며, 한 역사학자는 훗날 이렇게 말했습니다. "그는 바다 곁에 살았고, 바다에서 눈감았고, 바닷속에 묻혔노라." 오늘 우리는 챌린저호 승무원들에 관해 이렇게 말할 수 있습니다. 그들의 헌신은 드레이크의 헌신처럼 완전했습니다.

우주 왕복선 챌린저호 승무원들이 살아온 삶은 우리에게 존경과 감동을 불러일으켰습니다. 오늘 아침, 여정을 준비하고 작별 인사를 하며 손을 흔들던 모습, '조물주의 얼굴에 닿으려 지구의 무정한 속박을 떨쳐내던' 그 마지막 순간을 우리는 절대 잊지 않을 것입니다. 감사합니다.

음원으로 듣기

레이건 대통령의 추모 연설은 문학적입니다. 프랜시스 드레이크라는 탐험가 이야기, 그리고 '조물주의 얼굴에 닿으려 지구의 무정한 속박을 떨쳐내던' 비행사들의 마지막 순간을 잊지 않겠다는 표현은 희생자들의 죽음에 숭고함을 더해 줍니다.

이 연설문을 쓴 페기 누난Peggy Noonan은 4시간 만에 작업을 마쳤다고 합니다. 사고가 발생한 것이 정오 무렵이고 추모 연설이 오후 5시에 잡혀 있었으니, 얼마나 큰 압박 속에서 연설문을 써 내려 갔을까요? 이런 조급한 상황에서도 이런 아름다운 연설을 쓸 수 있었던 힘은 무엇일까요? 무엇보다 페기 누난의 머릿속에 이미 충분한 지식과 레퍼런스가 있었기 때문에 가능했을 겁니다. 그 덕분에 어떤 자료를 참고할지 재빨리 판단할 수 있었던 것이죠.

페기 누난은 자신의 회고록에서 이 연설의 영감을 얻기 위해 링컨의 게티즈버그 연설을 읽어 보았다고 말합니다. 그리고 연설의 마지막을 장식한 시구는 그녀가 중학교 때 외웠던 존 길레스피 매기John Gillespie Magee Jr.의 시 「고공 비행High Flight」의 한 구절이라고 하죠.

연설문이 무無에서 유有를 만들어 낸 창작품일 필요는 없습니다. 당시 처한 상황에 잘 맞는 자료를 찾아서 자신만의 호흡, 자신만의 색채를 입히면 되니까요. 연설문의 배경을 정확히 이해하고 최대한 많은 사례를 공부해야 하는 이유가 여기에 있습니다.

마지막으로 페기 누난의 회고록 『혁명의 현장에서 내가 본 것What I Saw at the Revolution』에 담긴 문장을 함께 나누고 싶습니다.

"그날의 연설은 기술자가 아닌 시인으로서 써야 하는 글이었다. 국민은 통계 분석이나 해명이 필요한 게 아니라 어떤 의미를 원했고, 눈물이 아닌 존엄을 원했다."

연설문 및 본문 자료 출처(순서대로)

에이브러햄 링컨의 게티즈버그 연설
https://www.abrahamlincolnonline.org/lincoln/speeches/gettysburg.htm

데이비드 윌스가 링컨에게 보낸 공식 초청장
https://www.loc.gov/exhibits/gettysburg-address/ext/trans-formal.html

존 F. 케네디의 흑인 민권 대국민 연설
https://www.jfklibrary.org/archives/other-resources/john-f-kennedy-speeches/civil-rights-radio-and-television-report-19630611

플레시 대 퍼거슨(Plessy v. Ferguson) 할랜 판사 인용
https://supreme.justia.com/cases/federal/us/163/537/

마틴 루서 킹의 「저에게는 꿈이 있습니다」 연설
https://www.npr.org/2010/01/18/122701268/i-have-a-dream-speech-in-its-entirety

힐러리 로댐 클린턴의 유엔 세계여성회의 여성 인권 연설
https://www.un.org/esa/gopher-data/conf/fwcw/conf/gov/950905175653.txt

세계 인권 선언 전문
https://www.un.org/en/about-us/universal-declaration-of-human-rights

버락 오바마의 2004년 민주당 전당대회 기조연설
https://www.presidency.ucsb.edu/documents/keynote-address-the-2004-democratic-national-convention

바버라 조던의 1976년 민주당 전당대회 기조연설 전문
https://awpc.cattcenter.iastate.edu/2017/03/21/1976-democratic-national-convention-keynote-address-july-12-1976/

프랭클린 D. 루스벨트의 첫 번째 대통령 취임 연설
https://avalon.law.yale.edu/20th_century/froos1.asp

바버라 조던의 닉슨 대통령 탄핵 청문회 연설
https://millercenter.org/the-presidency/impeachment/my-faith-constitution-whole-it-complete-it-total

로널드 레이건의 챌린저호 폭발 사고 대국민 연설
https://www.reaganlibrary.gov/archives/speech/address-nation-explosion-space-shuttle-challenger

사진 자료 출처(순서대로)

에이브러햄 링컨

https://commons.wikimedia.org/wiki/File:Battlefield_of_Gettysburg._Bodies_of_dead_Federal_soldiers_on_the_field_of_the_first_day%27s_battle_LCCN2012647835.jpg

https://commons.wikimedia.org/wiki/File:United_States_Declaration_of_Independence.jpg

https://commons.wikimedia.org/wiki/File:The_last_moments_of_John_Brown_(leaving_the_jail_on_the_morning_of_his_execution)_-_Hovenden_N.A._1885,_painter_%26_etcher._LCCN2012648890.jpg

https://commons.wikimedia.org/wiki/File:%22Abe%22_Lincoln%27s_yarns_and_stories_-_a_complete_collection_of_the_funny_and_witty_anecdotes_that_made_Lincoln_famous_as_America%27s_greatest_story_teller_(excerpts)_(1901)_(14579986758)_(cropped).jpg

https://commons.wikimedia.org/wiki/File:The_Lincoln_of_Carl_Sandburg_-_some_reviews_of_%22Abraham_Lincoln-_the_war_years%22_which_for_the_authority_of_their_judgments_and_the_grace_of_their_style,_deserve_at_least_the_permanence_of_this_(14797624163).jpg

https://commons.wikimedia.org/wiki/File:VVAW_in_Philly_1976.jpg

존 F. 케네디

https://commons.wikimedia.org/wiki/File:John_F._Kennedy%27s_civil_rights_speech,_wide_shot.jpg

https://commons.wikimedia.org/wiki/File:Wallace_at_University_of_Alabama_edit2.jpg

https://commons.wikimedia.org/wiki/File:James_Meredith_OleMiss.jpg

https://commons.wikimedia.org/wiki/File:US_Marshals_at_Ole_Miss_October_1962_cph.3c35522.jpg

https://commons.wikimedia.org/wiki/File:Segregated_water_fountain.png

https://commons.wikimedia.org/wiki/File:Civil_rights_leaders_meet_with_President_John_F._Kennedy2.jpg

마틴 루서 킹

https://commons.wikimedia.org/wiki/File:Martin_Luther_King_Jr._addresses_a_crowd_from_the_steps_of_the_Lincoln_Memorial,_USMC-09611.jpg

https://commons.wikimedia.org/wiki/File:Civil_Rights_March_on_Washington,_D.C._(Leaders_of_the_march_posing_in_front_of_the_statue_of_Abraham_Lincoln..._-_NARA_-_542063_(cropped).jpg

https://commons.wikimedia.org/wiki/File:Emancipation_Proclamation,_September_22,_1862_(1919),_by_E.G._Renesch.png

https://commons.wikimedia.org/wiki/File:IhaveadreamMarines.jpg

https://commons.wikimedia.org/wiki/File:Duluth-lynching-postcard.jpg

https://commons.wikimedia.org/wiki/File:Cover_The_Negro_Motorist_Green_Book_1947.jpg

https://commons.wikimedia.org/wiki/File:George_C_Wallace_(cropped).jpg

https://commons.wikimedia.org/wiki/File:Family_of_slaves_in_Georgia,_circa_1850.jpg

힐러리 로댐 클린턴

https://commons.wikimedia.org/wiki/File:Hillary_Rodham_Clinton_Delivers_the_Keynote_Address_at_the_Fourth_United_Nations_Conference_on_Women_at_the_Beijing_International_Conference_Center_in_Bejiing,_China_-_NARA_-_131493878.jpg

https://commons.wikimedia.org/wiki/File:Chinese_tanks_in_Beijing,_July_1989.png https://commons.wikimedia.org/wiki/File:SEWA_5949929960_b5b64fd745_o.jpg

https://commons.wikimedia.org/wiki/File:Eleanor_Roosevelt_UDHR.jpg

https://commons.wikimedia.org/wiki/File:Feminist_Suffrage_Parade_in_New_York_City,_1912.jpeg

https://commons.wikimedia.org/wiki/File:Sleeping_Beauty_by_Harbour.jpg

버락 오바마

https://commons.wikimedia.org/wiki/File:Barack_Obama_looking_to_the_right,_2009.jpg

https://commons.wikimedia.org/wiki/File:President_Ronald_Reagan_addresses_the_nation_from_the_Oval_Office_on_tax_reduction_legislation.jpg

https://commons.wikimedia.org/wiki/File:Al_Gore_(143486787).jpg

https://commons.wikimedia.org/wiki/File:Great_Seal_of_the_United_States_(obverse).svg

https://commons.wikimedia.org/wiki/File:Obama_speech_in_Hillsboro_Illinois_(April_26,_2004)_(cropped).jpg

https://commons.wikimedia.org/wiki/File:Looking_for_hanging_chad,_2000_Presidential_election.jpg

https://commons.wikimedia.org/wiki/File:Butterfly_Ballot,_Florida_2000_(large).jpg

https://commons.wikimedia.org/wiki/File:North_face_south_tower_after_plane_strike_9-11.jpg

https://commons.wikimedia.org/wiki/File:September_11th_terrorist_attack_on_the_World_Trade_Center_LCCN2002717279_LC-A05-C14.tif

프랭클린 D. 루스벨트

https://commons.wikimedia.org/wiki/File:FDR-First-Inaugural-1933.jpg

바버라 조던

https://commons.wikimedia.org/wiki/File:Barbara_Jordan_on_House_Judiciary_Committee_during_Watergate_impeachment_hearings.png

로널드 레이건

https://commons.wikimedia.org/wiki/File:Challenger_flight_51-l_crew.jpg

..., not

omen around the world
meals, washing
orking on assembly
ies.

be here have th
ot.

omen in my own
eager waged, women
men whose lives are
their own homes.

hting for good
airwaves. . .
raised their
experiences are
re working all
s so that they
and for women
thing they are

as each of

2   the representatives of the nation themselves? The...

3   its jurisdiction are those offenses which proceed fr...

4   conduct of public men and that is what we are talkin...

5   In other words, *Then* the abuse or violation of some...

6   trust. It is wrong, I suggest, it is a misreading...

7   Constitution for any member here to assert that fo...

8   to vote for an Article of Impeachment means that t...

9   must be convinced that the President should be re...

     _____ the Constitution doesn't say that.

10 office. The Constitution...

11 ing to impeachment are an essential check in th...

12 body, the legislature, against and upon the enc...

13 Executive. The division between the two bran...

    the house and the Senate, assign...

, not

...omen around the world
...meals, washing
...orking on assembly
...ries.
... be here have the
...ot.

...men in my own
...eager wages, women
...men whose lives are
...their own homes.

...hting for good
...n airwaves. . . .
...raised their
... experiences are
...re working all
...fs so that they
... and for women
...thing they are

... as each of

2   the representatives of the nation themselves? ...

3   Its jurisdiction are those offenses which proceed fr...

4   conduct of public men and that is what we are talkin...

5   In other words, the abuse or violation of some...

6   trust. It is wrong, I suggest, it is a misreading...

7   Constitution for any member here to assert that fo...

8   to vote for an Article of Impeachment means that...

9   must be convinced that the President should be re...
      the Constitution doesn't say that.

10   office.

11   ing to impeachment are an essential check in the...

12   body, the legislature, against and upon the en...

13   Executive. The division between the two branc...
      the House and the Senate, assign...
      right t...